知的生きかた文庫

# 持つのは
# 「今、必要なもの」だけ。

小西紗代

JN230972

三笠書房

はじめに

# 片づけられる人は「今、必要なもの」だけを持っている

## 片づけには、ルールや手順がある

「片づけても、片づけても、すぐ散らかってしまう」

「すぐに部屋がものだらけになってしまい、どうしていいかわからない」……。

皆さんも、そんな思いを抱いて、この本を手に取ってくださったのではないでしょうか。


私は、「整理収納アドバイザー」として活動を始めて、約13年になります。

この間、数多くの家で整理収納サービスを行ってきたほか、各地でレッスンやセ

ミナーを開催し、「片づけが苦手」というたくさんの人に出会ってきました。

そんな中でよく耳にするのが、「片づけたいという気持ちはあるのに、できない」という声です。

「片づけたいのに、思いどおりにいかない」「片づけたいけれど、何から手をつけていいかわからない」……。そんなふうに、気持ちと現実のギャップに落胆し、疲れ果ててしまっている人は、少なくありません。

さらに話を聞くと、こういった方々には、**「片づけが、できない」というより、「やり方を知らない」という共通点**があることがわかりました。

実は、**片づけには「手順」や「ルール」、ちょっとした「コツ」があります**。

それらを踏まえて実践していけば、難しいことではありません。しかし、その「やり方」を知らないままやみくもに実践してしまうと、うまくいかず、空回りしてしまうのです。

だから、まずは、片づけの正しい手順やルールを知ってもらいたい。そこで、「片づけの方法」をゼロから、詳しくまとめることにしました。

## 片づけも人生も、大事なのは「今」

さて、本書の中で詳しくお伝えしていきますが、**私たちに大事なのは「今」です**。**それは、片づけにおいても、人生においても!**

「片づけができない」「住まいが暮らしにくい」「なんだかいつも気持ちが落ち着かない」。そんなお悩みの根本にあるのは、「今必要なもの・こと」が、優先できていないから。

「今の住まいを快適にしたい」「今をいきいき生きたい」。そのためには、未来に使うものや、過去使ったものを家の中に置くのではなく、**「今、必要なもの」を持つことが大事**です。これこそ、「片づけ」の最大のポイントです。

セミナーではこんな話もします。「『今の恋人』が大事ならば、『昔の恋人』と同居しませんよね？」と。

「もの」も、同じです。

「今」の愛用品を大事にしたいならば、昔の愛用品には感謝をしてお別れしましょう。注ぐ愛情は、今の愛用品に集中しましょう。

もし、昔の恋人に未練があるならば、それは今の恋人に満足していないからかも？「もの」もまた、昔を引きずるのは「今」のものに、満足できていないからかもしれません。本書では、「本当に必要なものを選び抜く」ためのコツも、ご紹介していきます。

## 自分の住まいに合った方法を取り入れる

ところで、この本にはすっきり片づいた部屋やビシッと整った収納エリアの写真を載せていません。

なぜなら、そういった写真を見ると「そもそも、家のつくりが違うから無理」「我が家には、こんな収納エリアがないからできない」と、最初からあきらめてしまう人が多いからです。

また、写真だけを見て、同じ収納グッズを買って同じようにケースを並べるなど、コピーする人も少なくありません。まずはマネから始めてみるということは、決して悪くないですし、効果的な方法です。でも、**家のつくりは一軒一軒違います**。だからコピーだけでは、解決できないことも多いのです。

大切なのは、片づけのルールや手順を知ることです。

知らないと一つひとつの作業がどうして必要なのかもわかりません。逆にルールがわかると、いろいろなことが腑《ふ》に落ちます。すると、自分の家にも取り入れられることがわかるし、自分の家ではこうすればいいと想像をふくらませることもできるようになります。

写真のイメージだけに振りまわされるのではなく、正しい片づけの知識を根本から知ってほしい。だから、写真ではなく、あえて文章だけで、詳しく書きました。

こんなふうにお伝えすると、難しく思ってしまう人もいるかもしれませんが、片づけや整理収納は決して難しいことではないのです。

それは、読んでいただければわかります！

**「こういうことだったのか！」と理解できれば、必ずできるようになります。**そして一度できてしまえば、考えずに、悩まずに片づくようになります。

私はこれまで、数多くの方に片づけのレッスンを行ってきましたが、どんなに片づかない家で暮らしていた人も、片づけができるようになり、皆さんリバウンドもしていません。そのことも、「知れば、できるようになる」「誰でも、できるようになる」の証拠です。

片づいた部屋で暮らすことのメリットは、ひとつやふたつではありません。

片づけられるようになれば、暮らしにいい循環が生まれ、いいエネルギーが集まってきます。

ぜひ、それを体験してください。

そして、読んでいただければ、必ずその道は開けます！

小西紗代

目次



## Chapter 1
# なぜ、片づかない？

Chapter 2

# 整理のコツ

Chapter 3

# 収納のコツ

## Chapter 4 収納グッズの選び方

## Chapter 5
# 脱・リバウンド

イラスト 須山奈津希
写真 田辺エリ
編集協力 柿沼曜子
本文DTP フォレスト

Chapter
1

# なぜ、片づかない？

散らかりのスパイラルから
抜け出すためには、
まず原因を知りましょう。
知れば、納得。
片づく人生への道は開けます。

# 1

# 「片づかない＝センスがない」。その説、迷信です

片づけと聞くと、「性格的に片づけに向いていない」「そもそも片づけのセンスがないから」などと、「私にはできない」と決めつけている人が多くいます。「ずぼらだからできない」という言葉もよく聞きますが、決してそんなことはありません。だって、几帳面《きちょうめん》な性格なのに、なぜか部屋が片づいていないという人もいますよね。この本を手に取ってくださった方の中にも、「自分は、きっちりしているほうなのに……」という方がいるのではないでしょうか。

かくいう私はというと、実はずぼらですし、掃除も嫌いです。

でも、片づけのプロには私と同じように、自分は「ずぼら」とか「面倒くさがり」とか、「家事嫌い」と答える人がたくさんいます。私もそうですが、片づけを学び始めた動機には「嫌いな掃除が簡単になる家にしたい」「家事が面倒だから、時間をかけたくない」といったことが多いのです。

そして、**「片づけができるようになると、掃除も家事もラクになる」**と聞き、挑戦したところ実際そうなったし、楽しくなり上級者になっていったというわけです。

それに片づけのプロでも、「もともとは部屋の半分以上にものが山積みだった」とか、「手をつけられない散乱ぶりでカオス状態だった」という人は少なくありません。私のレッスン生の中にも、そんな状態からがらりと変わり、今は片づけの仕事をしている人もいます。

私だって、この仕事をする前は家の中に不要なものばかり。元から片づけができたわけではありませんし、〝できていない〟ところからのスタートでした。

だから、**片づけは「ずぼらでもできる」し、「ずぼらじゃないけどできない」人もいる。性格とか、センスとか、そういったことは一切、関係ないのです**。でも、最初から「ずぼらだからできない」と決めつけ、何もやらなければできません。

これは、「やらないから、片づかない」のですから、片づかないのは当然です。私も、ずぼらを自覚するプロの人たちも、「やったからできて」、片づけに悩まない今があります。

では、「やっているのに、片づかない」という場合は……。

まず、この中には、**「やったつもりで、やっていない」という人**がいます。

あとのページでも書きますが、片づかない人ほど、「片づけ本」をたくさん持っている！ という不思議があります。「本を読んだだけ」で一瞬気持ちがすっきりして、目の前の現実もすっきりしたと錯覚してしまう。でも、読んだだけで実際には「やっていない」から片づかず、また本を買う。その繰り返し。

または、手はつけたもののすぐにやめてしまったり、途中までやって「やった気」になったり。つまり「やったつもりで、やっていない」のです。

そして、もうひとつは、**「やり方を、間違えている」人**です。

今は、小学校の家庭科のカリキュラムでも「片づけ」の授業が取り入れられていますが、この本を手にしてくださった大人の方々の大半は、習った記憶がないはず。

昔は、授業にありませんでしたから。共通の教えがないから、なんとなく生まれ育った家の収納の状況が「正しい収納」だと思い、それを自己流で実践している人が多くいます。だから、不要なものが溜まっている家で育つと不要なものを溜めるくせがついている。

「片づかない」の世代連鎖は、けっこう続きがちです。でも、大丈夫！　その片づかない負の連鎖は断ち切れますから。よい連鎖に変えられます！

今まで習っていないのだから、できなくて当たり前。だから、「なんで、できないのだろう」「自分だけ、できない……」などと落ち込んだり、悩んだりしないでほしいのです。知らないのは、あなただけではありません。

また、「テレビなどの情報をマネしてみるけれどできない」という人もいますが、それも、「正しいやり方」で実践できていないからです。さらに、前述した「途中でやめてしまう」というのも、正しいやり方ではないから続かないのです。

**実は、「片づけ」にはルールや正しい手順があります。片づけはまず、このルールを知ることが大事！　ルールを知らないのにやみくもに進めてしまうことは、挫折や空まわりの要因になります。**

そして、このルールに沿って実践すれば、どんどん片づく環境に整っていきます。ずぼらであっても、そうでなくても、誰でも片づけられる人になれるし、片づけにうんざり疲れ果ててしまう毎日から脱出できるのです！

次項からは、誰をも「片づけられる人」へと導くこのルールと、長年私が整理収納アドバイザーとして活動する中で培《つちか》ってきた片づけのコツをお伝えしていきます。

2

# 片づかない原因は意外とはっきりしている

前項でお伝えしたように、「片づけができない」は、「やらないから、片づかない」と、「やっているのに、片づかない」に分かれます。ここでは、「やっているのに、片づかない」場合の具体的な原因と、そのからくりを説明していきます。

まず、**片づかない原因は、大きく分けて2パターン**。

**「A．収納環境が整っていない」**

**「B．ものを戻すことが、習慣化できていない」**

「片づけ」と聞いただけで大変と思ったり、疲れてしまう人がいますが、**片づけとはひと言で言えば、「出したものを元に戻すこと」**。元あった場所に、戻すだけです。

だから、決して難しいことではないのです。でも、それができていないのは、「B．ものを戻すことが、習慣化できていない」からです。

「テーブルの上などに出しっぱなしにしてしまう」とか「元の場所ではなく違う場所にしまってしまう」といったことが、これに当てはまります。

では、なぜ戻すことが習慣化できないのか。

その主な原因は、「A．収納環境が整っていない」から。

「戻す場所が、定まっていない」→だから、元とは違う場所にしまう。

「戻すにはほかのものをいちいちどかすなど、手間がかかる」→だから出しっぱなしにしてしまう。

「そもそも、いつも収納されていなくて、適当なところに置いてある」→だから、いつも出しっぱなしで、あちこちに置く。

といった具合です。

つまり、A、Bのどちらかというより両方ということがほとんど。なおかつ、Aができていないから Bもできていないというのが主流です。

A．環境が整っているのに、B．戻すことが習慣化できていないのは、家族にその習慣をうながせていないということが多いです。自分自身がいくら戻しても、家族が戻してくれなければ、散らかってしまいますから。

逆にB．戻すことが習慣化できているけれど、A．環境が整っていないという人は、私のレッスン生や片づけをご依頼いただく方の中にはまずいません。

そして、Aができれば、Bもできるようになる。大半の人がこれに該当します。

だから、**「片づくか、片づかないか」の違いは、「収納環境が整っているか、いないか」によるところが大きい**のです。

私はこれまで多くの方に片づけのレッスンを行ってきましたが、皆さん最初は、

## Aができなければ、Bもできない

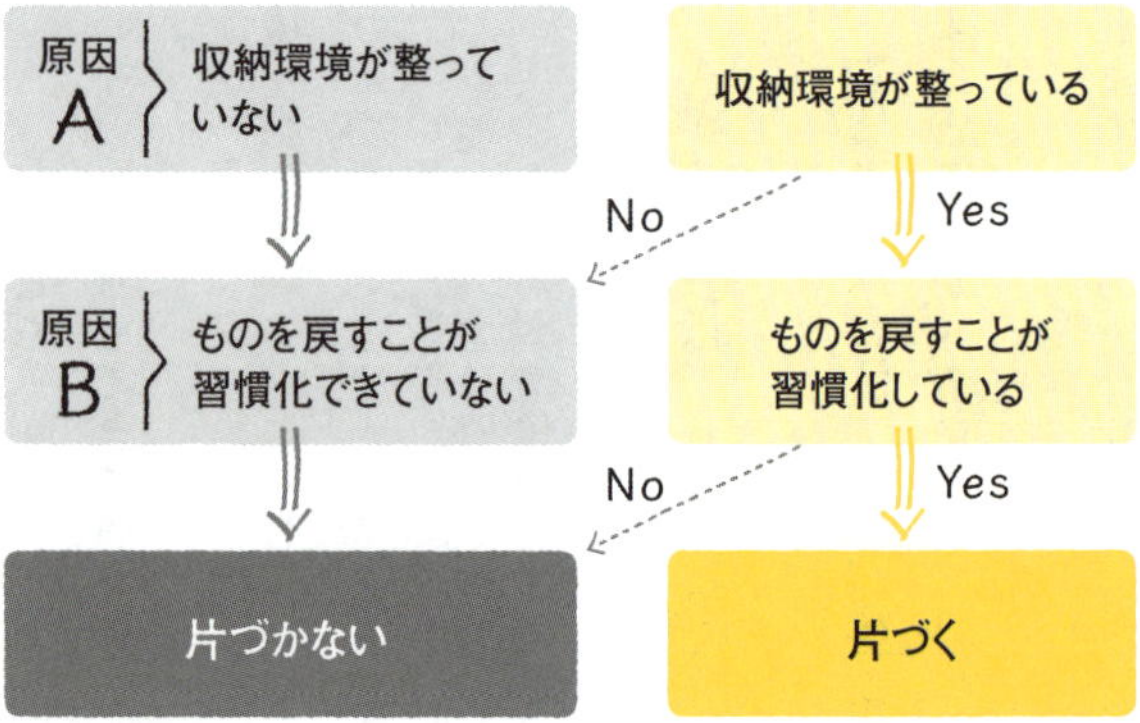


性格やセンスを理由に「できない」「向いていない」とおっしゃいます。前項でもお伝えしましたが、片づけに性格やセンスは関係ありません！　誰でも「片づく収納環境に整える」ことで、必ず「片づく家」にすることができます。

そして、この収納環境は一度完成させてしまえば、多少散らかっても、すぐきれいな状態に戻せる。だから、その後の人生、片づけに悩むことも、振りまわされることも、片づけのことを考えただけで疲れてしまうようなこともありません。

でも、ずぼらな性格だと、またすぐに元に戻ってしまうのでは……?

いえいえ、そんなことはありません。だって、実際これまで「片づけが苦手」、「やってもやっても、片づかなかった」と嘆いていた人も、リバウンドすることなく心地いい空間を維持できていますから。そして、何より〝ずぼらな私〟が、こうしてプロとして活動できていることが、「誰でもできる!」証明です。

でも、やはり自己流やなんとなくで実践するとリバウンドしてしまいます。正しい手順とルールで「収納環境づくり」をしない限り、片づけられない人生を抜け出せません。

# 3

# 「整理」「収納」「片づけ」似ているようで、全然違います

「片づけ」のルールを知らないだけでなく、「片づけ」そのものについても、勘違いしている人が少なくありません。皆さんは、「片づけ」「整理」「収納」さらに「整頓」や「掃除」の違いはわかるでしょうか？　なんとなく、「同じようなもの」ととらえていませんか？

実は、それぞれ意味も役割も違います。そして、このうちのどれかが欠けても心地のいい空間にはなりません。

**「片づけ」とは、26ページでお伝えしたとおり「出したものを元に戻す」こと**です。戻さず「出しっぱなし」が重なっていくことで、どんどん散らかってしまうので、必ず元へ戻すことが「習慣化」していれば、散らかることはないのです。

そして、**出しっぱなしにしてしまうのは、戻しにくい環境だから**。例えば、棚の奥の食器を出すために、手前の食器を出したり戻したりするのは、面倒ですよね。すると、そのまま出しっぱなしにしてしまい、とりあえず別のところに重ねてしまう。すると、いつの間にかキッチンのカウンターはものだらけに。棚の中もますます使いにくくなるという悪循環になってしまいます。

だから**大事なのは「面倒」と感じることなく、ラクに戻せる収納環境をつくること**です。そして、その収納環境を整えるために必要なのが「整理」と「収納」の作業です。

**「整理」とは、「必要なものを選ぶ」こと**です。

極論すれば、「もの」が何もなければ、しまう場所もいらないし、片づけるものもありません。とはいえ、もののない生活はできません。それでも、ものは少なければ少ないほど管理するスペースは少なくてすみ、手間もかからず、しまうこと＝片づけもラクにできます。だから、まずは「整理」という工程で、自分で管理できる範囲の量に、ものを厳選することが必要なのです。

そう言うと、「つまり、捨てることでしょ？」「やっぱり、断捨離か……」などと思う人もいるかもしれません。

しかし、ここで重要なのは「整理＝ものを捨てる作業ではない」ということ。「整理」とは、必要なもの、好きなもの、自分が持っていて気分が上がるものを「選び抜いて残すこと」です。「処分するもの」という観点で選ぼうとすると、もったいない、忍びない、まだ使えるのに、粗末にしているのでは？　といった罪悪感のような感情が湧き出て、なかなか選べないのです。

「収納」とは、「ものを棚や引き出しなどに使いやすく収める」ことです。出すことも戻すことも、ストレスなくスムーズにできるように収められていること

## 片づけは土台＝環境づくりが大事！

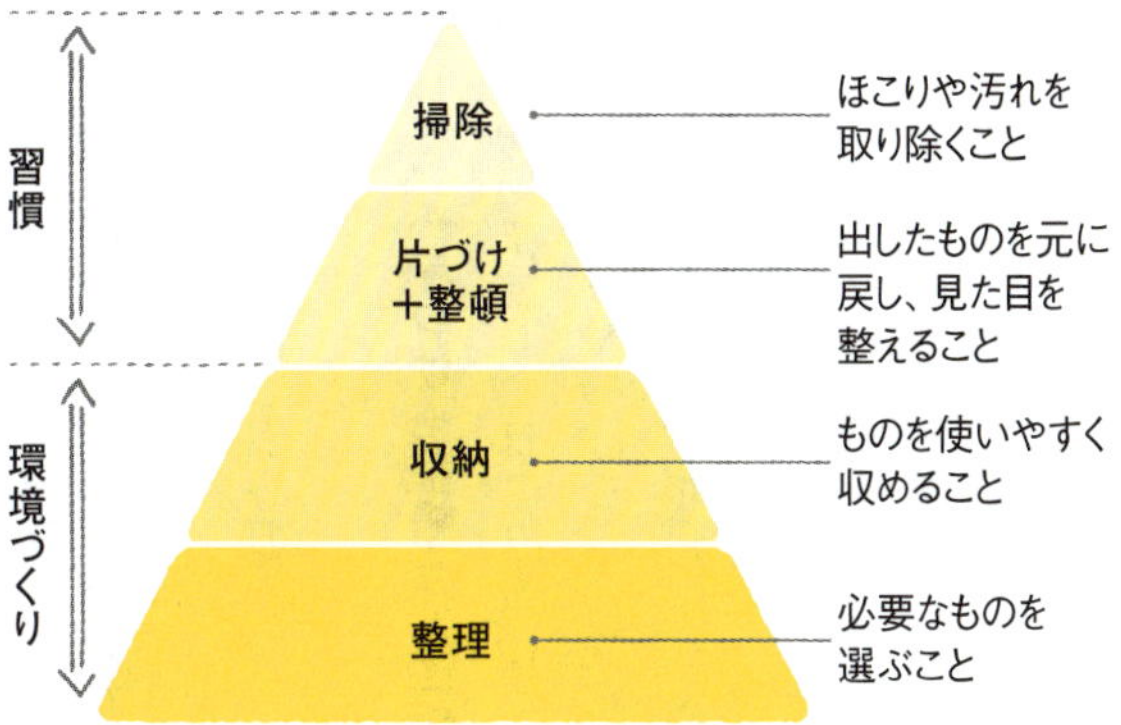


とが大事です。そして、前述のように「もの」が少なければ少ないほど、収めること、つまり収納はラクにできます。引き出しの中も、ものが少なければ少ないほど、使いたいもの、取り出したいものもすぐ目につきますし、ごちゃごちゃとしません。

そして「掃除」は、「ほこりや汚れを取り除く」こと。「整頓」は、「乱れを正し、見た目を整える」ことです。

前項で、「片づく環境」を一度完成させてしまえば、散らかっても、すぐきれいな状態に戻せるとお伝えしました。その環境をつくるのが、整理と収納です。

だから、**整理と収納は、一時、頑張ればいい**。

逆に言えば、頑張らないとできないということ。しかし、ずっと続くわけではありません。定期的な見直しが必要になりますが、その都度ゴールがあります。

それに対して、**「片づけ＋整頓」と「掃除」は毎日のルーティン**。生活している限り、ものを使いますし、ほこりも汚れも溜まりますから一生、続きます。

その一生続く片づけや掃除を、いかにラクに単純にするか。悩まなくてもできるようにするか。そのために、頑張らなくてはならないのが「整理」と「収納」なのです。

# 4

## 〃収納グッズの先買い〃の先は、迷い道です

片づく環境を整えるためには、「整理」と「収納」が必要ですが、いざ、整えようとすると、まず「収納」から始めようとする人が、本当に多いのです。「まず、どんな収納グッズを買えばいいですか？」。これは、いちばんよく聞かれる質問です。でも、〃まずグッズ〃〃まず収納〃ではありません！

**まずグッズを買ったら、必ず失敗します。まず収納は、必ずリバウンドします。**

**最初に行うべきは、「整理」です。**

整理で本当に必要なものだけを厳選することが先決であり、もっとも大事。整理

をせずに収納を始めてしまったら、またすぐにものが混ざり、埋もれ、取り出しにくくなってしまいます。取り出しにくいということは、戻しにくいということです。

それは、「片づけ」がしにくいということ。つまり、すぐ散らかるということ。

①整理でものを厳選する
②収納でものを戻す環境を整える
③戻すことを習慣化

これができていれば、ものが雪だるま式に散らかってしまうことはありません。
重ねてお伝えします。

**①「整理」→②「収納」の順番を厳守！**

片づかない人はほとんど「整理」を飛ばしていきなり収納から始めてしまっています。そして、「グッズを買えばどうにかなる」とか、「〝収める〟ことさえできれば、オールOK！」、そんなふうに思っている人も少なくありません。

一見、棚の中に収めてしまえば、ものは目につかなくなり片づけの問題が解決したかのような錯覚を起こしてしまいます。しかし、ものが多いことをおかまいなしに、バサバサと収めたり、ぎゅうぎゅう押し込んだりすれば、使うたびに、バラバラ、ごちゃごちゃ……。

これこそが、「片づけても、片づけても……」という空まわりを繰り返す元凶なのです。

# 5

## 収納に夢中になる人ほど、実は片づけができない

整理を飛ばし、収納から手をつけては失敗を繰り返す。そんな人の中には、「収納が好き！」という人も多いのです。「片づけられない」のに、「収納が好き」。どこか矛盾を感じるかもしれませんが、実はここに当てはまっている人はたくさんいます。

私も、かつては〝収納〟ばかりに夢中になっていたひとり。押し入れにどれだけ多くのものを収められるか、いかに隙間をつくらず収納するか。そのことばかりに力を注いでいました。そして、ものが入れば入るほど満足感

を得ていたわけです。

しかし！　**本来「収納」とはものを使いやすく収めること。**

ぎゅうぎゅうに押し込んだらスムーズに取り出せないし、戻すのもひと苦労。自分では上出来な収納をしていたつもりでしたが、当時の私がやっていたのは、本来の収納ではありませんでした。

あなたも、かつての私のように「片づけは、収納がすべて」「ものを収めさえすれば、解決！」、そんな錯覚を起こしていないでしょうか？

そして、**テトリスのように「隙間を埋める」ことが楽しい……！**

**これはもう、〝片づかない収納〟まっしぐら**です。

はっきり言って、**収納だけでは片づけの問題は解決しません**。それなのに、みんな「収納信者」になってしまう。

でも、その気持ちもわかります。だって、テレビも雑誌も、取り上げるのは「収納」が中心ですから。「たちまち片づく収納術」「この収納グッズで、もう散らからない」。こんなコピーを見れば「収納さえできれば」「グッズさえあれば」と思ってしまうし、収納好きゆえにそのグッズをすぐ買いに走ってしまう。テレビも雑誌も収納テクを紹介したほうが見栄えがするし、ネタとしてもおもしろく、視聴者の食いつきもいいわけです。

それに比べ、整理は思考に左右される点が多く絵になりにくいし、ビジュアルも地味。だから、限られた時間や誌面ではどうしても「収納」に焦点を当てた内容になってしまいます。映える内容で片づけに興味をもっていただくのはうれしいですが、残念なのは**「いちばん大事なのは整理」**だということが伝わらないこと。収納で全部解決するという誤解を与えてしまうことです。

# 6

## 整理ができて初めて気づく、無駄な時間と労力

「収納」は好きだし、頑張っているけどリバウンド続き……。そんな人たちがのちに片づけをマスターすると口にするのが、「いらないものの収納に、時間や労力を費やしていた」ということ。私も、それに気づきました。

前項でお伝えしたように、**収納だけでは片づけの問題は解決しません。その理由は、「整理」を飛ばしているから。すなわち、ものが多いから**です。

テレビや雑誌で紹介されていた収納の仕組みを頑張ってつくっても、ものが多いままでは、その状態を保つことができません。引き出しの中もすぐに乱雑になって

しまいます。そして、また整えて、また乱雑になって、整えて……の繰り返し。

はっきり言って、時間も労力ももったいない！

「頑張って収納したのに、片づかなくて疲れてしまった」という人は、**その頑張りを「整理」に向けてみてください**。すると、問題は解決していくはずです。

なぜなら、片づけができるようになるかどうかは、「整理」にかかっているから。整理ができればもう8割方「片づけられる人」になったようなものです。


とはいえ、整理はラクな作業ではありません。極論すれば、片づけは「元に戻すだけ」、収納は「棚や引き出しに置くだけ」。それに比べ整理は、ものと向き合って選別をしなくてはいけませんから、実際のところ、悩むし、面倒だし、時間もかかる。頭も体力も使います。だから、「大変」です。

**「大変」とは「大きく、変わる」こと。大変ですが、「整理」をきわめれば、収納も簡単に進むし、一度整えた収納をキープできます。片づけも掃除もラクにできます。**

すると、部屋も家も、生活も、自分自身も大きく変わります。

# 7

# 短期決戦に、勝ち目はありません

いざ整理収納を始めようとするとき、「この週末で、決着をつけよう」「年末の連休で、家の中を完璧にしよう」。そんなふうに思っていませんか？　また、出だしは張りきっていたのに途中で疲れてしまい「また来週末……」。これを繰り返している人も多いと思います。

片づけは、ものを使うたびに行うことですが、**整理収納は、「期限」もしくは「範囲」などのゴールを決めることが、大事なポイント**です。マラソンだってゴールがあるから頑張れるわけで、ゴールを決めないとやる気も湧きませんよね。

とは言っても、1〜2日で「家中を完璧にしよう」はできません！

私が主宰する収納教室では、**基本は半年、最低でも3か月かけて**レッスンを行います。「なぜそんなに、長いの？」と驚くかもしれませんが、レッスンで学んだことをステップに沿って実行していくと、家1軒が整うには、これくらいの時間がかかるからです。

時間をかけてコツコツとクリアしていけば、「片づく家」に必ず変わっていきます。でも、変わるのは家だけではありません。

人の思考は急には変わらないけれど、数か月かけて整理や収納と向き合うと、価値観や考え方も変わります。すると、ものを手放す理由もわかってくるし、自分に何が必要か見分ける力や収納のコツも身についてきます。思考が追いついていないと、なかなか行動は進まないもの。そして、1〜2日ではなかなか思考は変わらないのです。

レッスン生からは、「途中から、楽しくなってきました！」という言葉をよく聞きます。最初は、「考えただけで疲れてしまう」人でも、ポイントを知ると楽しくなっていきます。

そして、**コツコツと確実に整えた収納は、リバウンドしません！**

ダイエットも、短期間で無理にやせようとしても途中で挫折してしまうし、仮にやせても必ずと言っていいほどリバウンドしますよね。整理収納も同じです。

**短期決戦に意気込んでしまうと、理想にまったく近づかないことに疲れてギブアップ。**また、達成感も感じられないので、やる気を失ってしまいます。

**確実に片づく環境に整えるためには、まずは「ある程度の期間をかける」**という覚悟をもってください。

# 8

## 理想と現実、求めるのはどっち？

整理収納を始める前に、もうひとつやってほしいことがあります。
それは、**「どんな暮らしがしたいか」をイメージすること**。

実はここが漠然としていると、何をどう進めていいか迷ってしまいます。「いつでも、人を呼べる家」「家事がラクな家」「くつろげる家」「おしゃれな家」……。あなたの理想は、どんな家でしょうか？　どんな暮らしですか？　「暮らし方」によってものの置き場所、しまい方も違ってきます。

私の場合は、「家事と仕事がしやすい家」がコンセプトです。だから、こだわりは、家事動線がよく、掃除もしやすいこと。なおかつ、デスクワークがしやすいように、ものの収納場所を決めています。

そのため、収納家具もほこりが溜まりにくいように、シンプルですっきりとしたディテールのものに。床にものを置くと、掃除機をかけるときにいちいち動かさなくてはいけませんから、それもしません。

実は、私は南仏のプロヴァンス風のインテリアが好きなんです。凹凸感が味わい深い漆喰《しっくい》の壁、アーチ型の開口、アンティーク調の家具。そんなインテリアに憧れます。ですが、凹凸があるとほこりも溜まりやすいし、重厚感のある家具は、決して広くはない我が家では圧迫感があり、仕事をするときにストレスを感じてしまいます。そうなると自分が立てた「家事と仕事がしやすい家」というコンセプトからズレてしまうのです。

好みのインテリアに憧れる気持ちもありますが、私は家事と仕事がしやすい暮らしを優先したいし、そのほうが心地いい。だから、我が家はプロヴァンス風ではなく、白に統一したシンプルですっきりした空間になっています。

とはいえ、おしゃれよりも利便性を必ず選ぶべき、とお伝えしたいわけではありません。多少、掃除や動線に手間があっても「好きなテイストに囲まれて暮らしたほうが心地いい」という人も当然います。

**大事なのは、自分にとってどちらが「いちばん」か。求めるものは、人それぞれ違います。「きれいにしたい」「片づけたい」といった目先の目的だけでなく、その先の暮らしをイメージすることも大切**です。

# 9

# 誘惑を仕掛けるインスタグラムに要注意！

「どんな暮らしがしたいか」と聞かれても、なかなかイメージできない。迷ってしまう人もいると思います。

しかし、この本を手に取ってくださったあなたは、少なくとも「散らからない部屋にしたい」「片づけに悩みたくない」という気持ちがあるはずです。だから、そのことを見失わないようにしてほしいのです。

しかし……昨今、流行りのインスタグラムなどが、あなたの心を揺さぶったり、誘惑を仕掛けたりしてきます。というのも、インスタグラムにはおしゃれなインテリアや、おしゃれな収納がたくさん公開されていますよね。そんな画像を見ると、

「やっぱりおしゃれな部屋にしたい」「片づけしにくそうだけど、かわいいからマネしたい」などと、いつの間にか自分の目的を見失ってしまうのです。もちろん、自分の掲げた理想の暮らしや目的から逸脱しないことを取り入れるのならばいいのですが……。

なぜ、「やっぱりこっちがいい」「あっちもいい」と心が流されてしまうのか。それは、やはり「どんな暮らしがしたいか」が固まっていないからです。

目指す場所が定まっていないと、どこに向かって進めばいいかわからなくなり、誘惑に目を奪われてしまいます。目指す場所を探しながら進めば遠まわりをしてしまうし、目的地が途中で変われば新しい収納グッズを買い足してしまうかもしれません。そうなると、片づくどころか、片づかない日々に拍車をかけてしまいます。

だから、**「どんな暮らしがしたいか」を最初に固めることがとても大事**なのです。

インスタグラムを見て、「素敵」「おしゃれ」と思うことは、私もあります。しかし、その感情だけで取り入れることはありません。家のつくりや環境、ライフタイルなどが異なれば、取り入れてもうまくいかないからです。

**しっかり目的や目指す場所を固めれば、誘惑にすぐ飛びつく、あるいは逆に「私には無理」と落胆してしまうといった心の揺れ動きがなくなるはず**です。

# 10

## 張りきりすぎると、身も心ももちません

理想が浮かばない人とは対照的に、「完璧な家にしたい」「一生、散らからない部屋にしたい」「雑誌に出てくるような、どこから見ても美しい部屋にしたい」。こんな高い理想を掲げる人の声もよく耳にします。「とにかく、片づけたい」「今の状態を抜け出したい」という気持ち〝だけ〟強い人が、このような漠然かつ高い理想を抱いてしまいがちです。

しかし、**いきなり「完璧」を目指すなど、高すぎる目標を立てるのは、挫折の原因**になります。

例えば登山の初心者が、いきなりエベレストには登りませんよね？　どんなプロでも、最初は低い山からコツコツ練習を重ね、徐々に高い山にステップアップしていったはず。また、いきなりエベレストに登ろうとしたら途中で遭難する可能性も高いです。スケールこそ違いますが、片づけだって同じ。最初からてっぺんを目指したら遭難してしまうし、すぐに心が折れてしまいます。

**挫折しないためには、最初から家中を完璧にすると意気込まないこと**が大事です。そして、早く完璧にしたいという気持ちからか、広いエリアから始めがちですが、そうではなく、**まずは小さいボックスや引き出しから始めることもポイント**です。小さい世界でトレーニングをして、だんだんとエリアを広げてください。そして、一つひとつクリアすることが肝心です。小さなエリアでできないことを、大きいエリアでやろうとしても成功しません。

さらに大事なのは**途中でやめないこと、やりきること**。いきなりエベレストを目指すと、途中でやめてしまいがちですが、低い山なら登りきれるはずです。

そして、なんだかしっくりこなければ、無理やり進むのではなく、来た道を少し戻ってその原因を確かめてみてください。うまくいかないときは、整理しきれていないということが多いはずです。

失敗しても、やり直せば大丈夫。

私も、何度も失敗しました。まずはコツコツやって訓練することも大事なのです。

# 11

## 「不満」のカードを裏返したら、答えが見えます

人って、他人のいいところより、ダメなところを見つけるほうが得意じゃないですか？　いきなり、そんな始まりで、いったい何のこと？　と思ったかもしれませんが、人は何事においても、いいことよりも、不満やイヤなことのほうが目につきやすく、明確に挙げられる気がするのです。

だから、自分の暮らしにおいても、「不満」を書き出すことは得意だと思います。

前項まで「理想の暮らしをイメージする」ことを書いてきました。

でも、現状、片づけができていない人にとって「理想」と言われても、イメージがふわふわしてしまいますし、ブレがち。そして、無理に理想を描いてみても漠然

としすぎて、やる気スイッチが入りにくいと思います。

そこで、**「理想」からゴールを見つけ出すのではなく、不満から探すようにすると、「自分が求めていること」がもう少しわかりやすく見えてくるはず**です。**家の中や暮らしで何がイヤか不満か、困っているかを書き出してみてください。**

例えば、旦那さんが家事にまったく協力してくれなくて、ケンカになる。お子さんが、ひたすら散らかし、つい怒ってしまうことがイヤだ。探しものばかりしていて、ほかのことがはかどらない。クローゼットがパンパンで、雪崩《なだれ》状態。キッチンに賞味期限切れの食品が溜まってしまう。どこもかしこも、ものが入りきらない。

そうすると、自分の理想はその裏返しなわけです。旦那さんと片づけのことでケンカにならないこと。子どもに当たらず、自分も穏やかに過ごす。いつでも、すぐものが見つかること。雪崩が起こらず、ものが適量のクローゼット。賞味期限切れの食品などないキッチン。ちゃんとものが収まっている家。

もちろん、不満はひとつやふたつではなく、たくさんあることでしょう。それが解決されていくと想像したら、片づけをやる気が湧いてくるのではないでしょうか。

# 12

## 写真のマジックに引っかかってはいけない

皆さんは「片づけのプロの家は24時間、散らからない」「四六時中、乱れていない」。そんなふうに思っていませんか?

それゆえに、インスタグラムやブログ、雑誌の特集などで紹介されているビシッと整った部屋の写真を見ると、「こんなのは、とても無理」「私には維持できない」と凹んでしまう人もいるのではないでしょうか。

しかし、正直に言うと、こういった写真は「撮影用に整えた」ということも多いのです。**よくも悪くも、写真が写し出しているのは家の中のほんの一部分。**写っている部分は一糸乱れぬ整いぶりでも、フレームの外、つまり写真に写っていないところは、乱れている可能性もあります。

もちろん、我が家の場合だってそう。

雑誌の撮影をするときは、美しく見えるようにカトラリーを数本間引いたり、ボックスの並びや位置をきっちり整えたりします。写真に写る部分に、少し手を加えきれいに整えるわけです。

そんな裏話をレッスンでですると「いつもビシッと整っているものだと思っていた!!」と驚かれてしまいますが、〝暮らしている〟のですから、つい出しっぱなしにしてしまうことや、散らかってしまうことも当然あります。


しかし、「片づけしやすい環境」が整っていれば、すぐに、そしてラクに軌道修正できますし、散らかりが重なって手がつけられなくなるということもありません。

それに、「絶対乱れない」ような暮らしは、自分はもちろん家族も息苦しく感じてしまいます。

目的は乱さないことではありません。「心地いい暮らし」をすることです。それに、はっきり言って、暮らしがある限り24時間散らからない家はありません！

ここでお伝えしたいのは、インスタグラムや雑誌の写真に、気持ちを振りまわされないでほしいということです。

「あの写真のように完璧にできないから無理」、逆に「あの写真のように完璧にしよう」と思うと、理想と現実の間の壁にぶつかってしまいます。写真は、その裏側にある「暮らし」までは写していませんから。

## 13

# 散らかる部屋に埋もれるのは、片づけ本と、高級掃除機

仕事で片づけにうかがうと、片づけの本がたくさん積んであるお宅が多くあります。ありがたいことに、私の著書や監修書をコンプリートしてくださっている方もいます。

しかしこれは……、**「なかなか片づかない家には、片づけ本がたくさんある」というう矛盾した傾向がある**ということなのです！

お伝えしてきたように片づけは、ルールを知って、それに沿えばできるものです。たくさんの関連本を読んで片づけのルールもわかっている。だったら、もう片づ

かない毎日から抜け出せるのでは？　……ところが、抜け出せない。

その理由は、ズバリ実践していないから。

読んだだけで現実の片づけまで完結したかのような気持ちになり、実際にはやっていない。また、実践しても途中でやめてしまっている。つまり、「やったつもりで、やっていない」のです。

実際のところ「片づかない」原因で、もっとも多いのがコレ。


**片づけは、やらなければできません。いくらたくさんの本で知識やワザを読んでも、実践しなければ部屋は何ひとつ変わらない。**


そんなの当たり前と思うかもしれませんが、本を読んで満足してしまったり、途中でやめてしまったり、「やりきっていない」人が、本当に多いのです。

せっかく手をつけても、「やりきる」前にやめてしまえば、負のスパイラルから一向に抜け出せません。

もうひとつ私が、片づけにうかがってよく目にするのが、「高級掃除機」。片づかない人の保持率はかなり高い！　推測するに、まずは「道具から」という気持ちが働くのではないかと思います。それから、「いい道具さえそろえれば、きれいになる！」と、錯覚しているのかもしれません。

しかし、散らかった部屋では掃除機もかけにくい。それゆえに、機能が最大限に発揮されない……。それでは、宝の持ち腐れです。

やる気があっても、知識があっても、そして道具があっても、やらなければ何も変わりません。

でも、**実践していけば変わっていきます。変わっていくたびに、気づくこともあります。だから、読むだけ、道具をそろえるだけでなく、必ず行動を！**

# 14

# 片づけができる人はメニューを選ぶのも早い！

「片づけのことを考えるだけで疲れてしまう」。そんな人は、ときに「片づけって何のためにするのだろう」という疑問を抱いているかもしれません。

**片づけができるようになれば、「気持ちが変わる」「人生が変わる」。**そんな言葉もよく耳にするんじゃないでしょうか。私も、そう思っています。

「たかが、片づけで変わるの？」と思う人もいるかもしれません。でも、そうは思わないでほしいのです。なぜなら、**実際に私のレッスンを受けてくださった方々は、皆さん大きく変わりました。**もちろん、途中であきらめず続けた人は、です。

正直に言えば本人の気持ちなど、内面のことは他人から計り知れない部分でもあります。しかし、見た目や行動が変わったという事実は他人からもはっきりわかります。

例えば、私のレッスン生だったAさん。

以前は無造作にものが突っ込まれた棚や箱が部屋のあちこちにあり、乱雑な印象の空間でした。でも、整理収納をやりきったことで片づけが習慣になり、すっきりした空間を維持できています。そして、片づけられる人へと変わった今は、片づけのプロとして私をサポートしてくれています。

そんな彼女は片づけが進むにつれ、まず、ガラケーからスマホに切り替えました。

そして、着こなしが変わり、髪型も変わり、どんどんきれいになっていきました。

彼女自身、自分の気持ちも容姿も変わったことを自覚していますし、また、以前は世の中の流行にも、ファッションにも鈍感になっていたことを改めて痛感したのだとか。

なぜ、外見まできれいになっていくのか——片づいた部屋で暮らせば、ストレスが減ります。その結果、気持ちにゆとりができるので、心身にいい影響を与えてくれることは間違いありません。きっと肌の調子もよくなったはず。

でも、もっと核心的な理由としては、**自分自身のことがよくわかり、「自分の軸」ができたから。それによって、「自分に似合うもの」「自分が好きなこと」を選べる審美眼や選択力、判断力、決断力が養われたから**だと思います。

私の持論ですが、「片づけができる人はレストランでメニューを選ぶのも早い！」

それは、

・自分の好きなもの、食べたいものをすぐ見分けられるから。
・失敗したらイヤだなという、不安がないから。
・ほかの人の意見や、選んだものに惑わされないから。

**「整理」というのは、「好きなもの、必要なものを選び抜く」作業**です。

「好きか、好きではないか」をすぐに判別するというのは、最初はなかなか難しいもの。でも、何度も繰り返していくうちに、「コツ」のようなものがつかめてきます。すると、選ぶスピードも早くスムーズになっていく。訓練されて、判断する力、見分ける力、決める力がついてくるのです。

**その「力」というのは普段の生活の、片づけ以外のことにも発揮されてくるはず。**レストランのメニューだけでなく、**仕事でも、生き方でも、人づき合いでも……。自分にとって必要なものがはっきりしてくるから、戸惑わない、流されない、迷わない、だまされない。そんな「軸のある人」になれる**のです。

さきほど、Aさんが外見も磨かれたとお伝えしました。

それは、ファッションもメイクも、「自分に似合うもの」「気分を上げてくれるもの」「自分自身に必要なもの」が選べるようになったからだと思います。

以前は、もったいないから、他人にすすめられたから、なんとなく手元にあったから。そんな理由で身に着けていた服やコスメ。

それが、他人のおすすめだったとしても、流行っているものだとしても、自分に

**部屋が
片づかないと…**

- 気持ちが荒れる
- いらないものばかり買う
- 自分に興味がなくなる
- 何もかも面倒…

**片づけられる
ようになると…**

- 自分に似合うものがわかる
- 無駄な買いものをしなくなる
- 人の声に流されない、戸惑わない
- 気持ちや時間に余裕が生まれる

とって「最適」とは限りません。年齢や骨格などによっても似合うものは違います。しかし、以前はそんなことおかまいなし。

でも、整理を経て、ものを厳選したら、「自分をきれいに見せてくれるもの」がどういうものだかわかり、それに該当するものだけを手元に置けるようになった。だから、外見もきれいに変わっていったわけです。

**「整理」はその人自身を磨き、いろんな面で成長させてくれる**、と言えるのではないでしょうか。私自身の体験と、約13年、整理収納アドバイザーとして多くの方と向き合ってきた経験からそう思うのです。

そしてすぐ選べる、必要なものだけを選択できる、そうなってくれば、あらゆるシーンにおいて無駄な時間やお金、それからストレスもかからなくなってきます。

**片づけができると悪循環が、好循環に切り替わる**のです。

また、自分に必要なものがわからないと、本当に必要なもの、似合うものであっても「どうせ私には……」と避けてしまう、という人はいませんか？　つまり自分を輝かせるものを逃していた。〝運〟も逃していた、とも言えるのではないでしょうか。

逆に、**自分の軸ができれば、自分に本当に必要なものに手が伸びる。運を「引き寄せられる」ということでもある**と思います。

なかなか「整理」ができない人は、例えば、メニューは〝1分以内に決める〟など、日常生活の中でも早く選ぶ訓練をしておくといいと思います。

それが、選ぶ力、判断する力、見きわめる力を鍛えることになり、「整理力」にもつながるのです。

# 15

# 2・5日、自由な時間ができたら何をしますか？

ある保険会社の調査によると、人は1日平均で約10分探しものをしているそう。1日10分の探しものは、10分×1年間（365日）＝3650分＝約60時間＝約2・5日。**1年間で、2日と半日分**にも相当します。

これが**もし10年続けば、約25日。1か月に近い時間**です。

どうでしょうか、これだけの時間があったら……。本が何冊も読めるし、映画を何本も観られます。「やりたいけれど、時間がなくて……」と、あきらめていたこともできたのではないでしょうか。

それなのに、探しものに時間を費やすなんて、もったいない！　1日約10分というのは平均値なので「探しものが多い」「いつも、ものが行方不明になる」と自覚している人は、もっとたくさんの時間を費やしているかもしれません。

だから、大切な時を奪う、時間泥棒をいち早く退治してほしいのです！

奪われているのは、〝探しもの〟に費やす時間だけではありません。棚の奥にしまい込んだものを取り出すとき、手前のものまで出したり戻したりする時間。取り出すたびにものがバラバラ散乱してしまったら、それを片づける時間。

それから、片づけられない人はとかく、不要なものを購入しがちです。そういった不要品の購入にかけた時間はもちろん、管理することに費やした時間も、です。

**片づけができるようになると、〝迷い〟の時間が減ります。**

整理によってものが厳選されると、自分が本当に必要なもの、好きなものがわかるようになるので、情報に振りまわされることや、「こっちがいいかな、あっちがいいかな」といった迷いがなくなります。

だから、迷ったり悩んだりして、売り場を行ったり来たりすることや、ネットサーフィンする時間も減ります。

さらに、片づけ以外のことでも早く決断ができるようになるので、時間に余裕が生まれてきます。

これらが積み重なっていけば、膨大な時間の節約になりますよね。

# 16

## あなたの家にも必ずあります、埋蔵金

「このあいだ買ったペンが、どこかにいってしまった」「あの調味料、あったはずなのに……」「頭痛薬、どこにしまったっけ……」。

家にあるはずのものが「ない、ない、ない！」で、そのたびに購入に走ってしまう。気づけば家には同じものがいくつも。心当たりのある人は多いと思います。

私が片づけにうかがうといくつも出てくる定番と言えば、印鑑。ほかにも、ひと部屋からハサミが5～6本出てきたり。うっかり買いした同じ本を複数冊ストックしている人も多いです。ほかにも、耳かき、爪切り、体温計……、とにかく、いろいろありますね。これらが「無駄な出費」であることは言わずもがなです。

**必要なものがすぐ見つかる家になれば、当然このような二度買い、三度買いはなくなり、経済的損失を減らせます。**

また、片づけができるようになると本当に好きなものだけを買うようになるので、「買ったのに着ない、使わない」という、買いものの失敗もなくなるのです。「着るかも」「使うかも」という曖昧《あいまい》な推測から、「とりあえず買っておこう」と手に入れたものが、どれだけあるでしょうか。それらの総額、目を背けたくなる額でしょう。

そして、もうひとつ。片づけをすると、必ず出てくるのが「お金」。現金だけでなく、商品券や図書カードなどの金券、カタログギフトなどなど。**私は、これを〝家庭内埋蔵金〟と呼んでいますが、私がうかがうお宅の99・9％の家で何かしらの埋蔵金が発掘されます。**だから、書類もファイルも必ず一枚一枚はがして確認します。

「20万円分も出てきた！」なんて、まーったく珍しい金額ではありません。

あなたの家にも必ずあります、埋蔵金。見つかれば、ラッキー♪

いやいや、そもそも片づいていれば埋蔵されないのです。

**片づく家になれば、お金を埋めなくなる。これも、大きな経済的メリット**です。

# 17

## 強力な洗剤があるのはきれいな家？　汚れている家？

「お金も時間も手間も本当にもったいない！」とお伝えしたい、よく見かける事例があります。それは、意外に思うかもしれませんが、**片づかない家ほど多種の洗剤がラインナップされている**ということ。軽度の汚れ落としから、強力な洗剤まであれこれ、たくさん！

そんなふうに聞くと、一見、「きれい好き」「掃除に余念がない」「意識が高い」などと映るかもしれません。でも、それは違います！　だって、「片づいていない」「汚れが溜まっている」が現実なのですから。

では、逆にきれいに片づいている家はどうかというと、キッチンに2つ。加えてほかのエリア用に1～2個。その程度です。なぜ、そんなに少ないのか。それは、**「汚れを溜める」習慣がないから。溜まって落としにくくなる前に汚れやほこりを取り除いているので、頑固な汚れやカビとは無縁**なのです。だから、強力な洗剤もいりません。

多種かつ強力な洗剤があるというのは、汚れを溜めるから。頑固な汚れがあるから。片づかず床にものが置かれていたり、ものが出しっぱなしで積まれていたりすれば掃除もしにくい。ものとものの間やでこぼこしたところには必ずほこりが溜まりますから、放置すればそれがのちの頑固な汚れになり、洗剤に頼らざるを得なくなるということです。

それに、洗剤をたくさんそろえればその分出費もかさむし、管理するスペースも手間も必要です。いざ使おうとすると、洗剤ボトルがほこりまみれになっていて、まずはそのボトルの掃除から……なんてことも。

かつて私も、「掃除をラクにしよう」という思いから、多種の洗剤をそろえていました。

でも、**いちばんラクなのは、「頑固な汚れ」をつくらないこと**。そのために必要なのは、日常の掃除が苦にならない収納環境、居住環境を整えることです。

いくら洗剤をフルラインナップしても、根本を解決しなければ汚れは溜まるばかり。そのたびに高い洗剤を使い、苦労しながら落とす。それを繰り返していては疲れてしまいます。**そこにかかるお金、時間、手間。ぜひ節約してほかのことに使いましょう。**

# 18

## いきなり強敵に立ち向かうと、負け戦になります

53ページでもお伝えしたとおり、整理収納は、いきなり広いエリアに手をつけるのではなく、**小さく、狭いエリアから始めることが成功の秘訣**です。小規模で練習して、それができたら次のステップへ。「早くきれいにしたい」「部屋全体に取りかかりたい」と、はやる気持ちは抑えてください。

まずは、救急箱、メイクボックス、裁縫箱など、目の前で完結できる小さいボックスや引き出しから。この小さな世界の整理収納がこなせたら、ドレッサーまわりや靴箱などの引き出しや狭いエリアへ。

その次は、トイレ、洗面所、ランドリーまわり、玄関などの小スペースがおすす

めです。その後、キッチンなど広いエリアに進んでください。リビングは、家族もよく使うエリアです。家族の意見や判断を確認する必要があり少しハードルが上がるので、後まわしにするといいでしょう。

**よくありがちなのが、「押し入れ」など、いわば家の中の「物置き」的な場所から始めてしまうこと**です。

捨てられないし、どうしていいかわからないから「押し入れに置いてあるもの」ってたくさんありませんか？　まだ慣れていないうちに、そんな厄介なものばかりが詰まった場所から始めてしまうと、「どうしよう」と迷っているうちに日が暮れてしまいます。何も進まないうえ、疲れて、さっそく挫折……。一気に、やる気がなくなってしまうでしょう。

そんな**強敵「押し入れ」も、小さいエリアからコツコツ進めて力をつけたあとに向き合うと、「不要なものばかりだった」ということに、意外とあっさり気づきます**。そして、どうすべきか、即決、即断できるはず。

経験値が上がれば強敵にだって楽勝です。

小さいエリア、小さい部屋はゴールが近いです。そこで達成感や満足感を得れば、「できるかも!」「意外と楽しい」と前向きな気持ちや自信も湧いてきます。ごちゃごちゃしていたボックスの中がすっきりするだけでも、気分は上がりますよね。

# 19

# 高みを目指したくなります。だって、人は欲張りですから

**一度きれいな収納環境を整えれば、それを維持したいという意欲が湧いてきます。**

そうすると、その後は意気込まなくても、自然と片づくものです。だから、本気で片づく家にしたいならば、収納環境が整うところまで、ぜひ頑張ってほしいのです。

さて、20ページでは片づけに「ずぼら」とか「几帳面」とか、性格の違いは関係ないとお伝えしました。

でも、まるで性格が関係ないかというと、そうでもない、という点もあります。

私はこれまでたくさんの方に、片づけのレッスンを行ってきましたが、その中で

思うのは、私の言葉をポジティブに受け入れてくれる人のほうが片づくということ。

まずは、**「やってみよう」「試してみよう」「なるほど！」と聞き入れてくれる人は何かしら行動に移すので、少しずつ成長して変わっていきます**。

結局のところ片づけは、「やるか、やらないか」。実践しなければ、片づきません。**実践につながる一歩をすぐ踏み出すか、踏み出さないかは大きな違い**です。

「さよ先生の言ったことを試してみたら、ひらめきがありました！」

「ほんとに、〝家庭内埋蔵金〟が出てきました。モチベーションアップ！」

「少し動き出したら、気持ちが穏やかになりました。できる気がしてきました」

踏み出した方々からいただいた声です。

何もしなければ、何も変わらない。でも、ちょっとでも何かが変われば気分もいい。そして、その先に手を伸ばしたくなるのです。

だって人は、欲張りですから。

**ひとつよくしたら、もっとよくしたい。今よりももっとよくなりたい、と「欲」が湧いてくるもの**です。

そして、家がきれいになれば、自分をきれいにしたくなる。きれいを続けたくなる。そうやっていい循環、いい流れができていけば、どんどんレベルアップしていくもの。

「たかが片づけ」と思う人もいるかもしれませんが、家は人生のベースです。ベースがよくなれば、それに合わせて自分自身を変えたくなるし、変わっていっても不思議ではないのです。

Column 1

# 「1日1整活」。<br>1日ひとつ整えて、<br>汚れを溜めない習慣を

掃除や片づけは、土日などの休日にまとめてやる、という人、いますよね？　でも、休日は本来、体を休める日、リフレッシュする日です。平日働いて、土日は掃除や片づけに追われる……。それでは、気持ちも体も疲れてしまいますから、私は毎日少しずつ掃除をして、汚れを溜めないようにしています。とはいえ、ただ漠然と「毎日掃除」を掲げても、なかなかできないもの。そこで、火曜日…コンロなど「火のまわり」、水曜日…シンク、洗面所や浴室など「水まわり」、木曜日…家具など木の素材のもの、金曜日…金属素材のもの、土曜日…土に関わる庭や植物、というようにルール化。こうすると、習慣化しやすくなります。また、掃除でも整理でも何でもいいのですが、1日ひとつ何かを整える「1日1整活」の実践もインスタグラム（@konishisayo34）で発信しています。できる範囲でいいので、あなたも「1日1整活」を実践してみてください。

# Chapter 2

# 整理のコツ

あなたを悩ませ、
困らせているものは、
持ちすぎた「もの」なのです。
手放せば、本当に必要なもの、
大事なことが見えてきます。

# 20

## 本気で挑む人にはお伝えします。「整理」の表も裏も

**「片づけたいのに、片づかない」という悩みは、ほぼ「ものが多い」ことから始まっています。**管理できる量以上にものがあるのです。だから、必要なものだけを残し、**「管理できる量にまで減らす」ことが、整理のミッション**です。

ものが多いと、「収納環境」は整いません。**ものを減らさずに「収納」しても、それはものを「移動しているだけ」にすぎません。**だから、その環境がすぐ乱れてしまうのです。

移動して散らかって……のループをただ繰り返すだけだから、いつまでたっても片づかず、疲れてしまう。そのうえ、ものが多ければ多いほど、管理するスペース、

手間、余計な出費がかかるなど、損失が多いことはここまでお伝えしてきました。

そして、改めてお伝えしますが、**「整理」こそが片づけの根本であり、もっとも大事。整理なくして、片づけはできません！**


本気で片づけたい！　と思うあなたには、本当のことをもう一度繰り返します。

整理は、ラクではありません。そこそこ、大変です。

正直に言うと、私だって整理は嫌いです。でも「大変」とは「大きく、変わる」こと。整理ができたとき、あなたも部屋も大きく変わっています。

**整理ができたら、もう8割、いやそれ以上に片づけられる人になっています。**

**整理は大変だけど、あとはラクです。収納も片づけも、掃除もラク。**

整理という険しい道を抜けたなら、あとはスイスイ進みます。

だからといって、ラクそうな「収納」から先にやろう。なんていうのは、ご法度です！　整理せずに収納しても、失敗と挫折を招くだけで、ずっと片づきません。

片づく部屋にするためには、まず整理。面倒だし、苦痛だけどまず整理なんです。

21

# まずはあなたの心の声から整理しましょう

整理のコツをご紹介していく前に、「整理」の定義について再度お伝えします。

**「整理」とは、必要なもの、好きなもの、自分が持っていて気分が上がるものを「選び抜いて、残すこと」**です。そして、**「管理できる量にまで減らす」こと**です。

さて、皆さん。これが整理や片づけの話であることは一度忘れ、次のことを想像してみてください。

クローゼットにずらりと並ぶ、洋服。この中から、「処分するものを10着選んでください」と言われたときと、この中から「好きな服を10着選んでください」と言われたとき、どちらがスムーズにできますか？

当然、「好きな服」ですよね。「処分する」と言われると、1着さえ選べない人もいるのではないですか？

「ものを減らす」というと、「捨てる」という概念をもっている人が多くいます。「捨てるなんてできない」と思って、結局ひとつも減らない。それだと、「整理」が何も進まないのです。一歩も進まないところで、終わってしまいます。

とはいえ、「好きなものを選ぶ」も「捨てる」も、たどり着きたいところは、「ものを減らすこと」。目的は、「自分あるいは自宅で管理できる量」以外は手放すことです。

つまるところ、**ものを手放せるかどうかは「考え方」次第**なのです。

**「ものが減らせない」という人は、「もったいない」とか「あとで必要になったらどうしよう」といった角度から判断しがち**です。だから手放せない。後ろめたさも感じる。でも、その考え方を少し変えてみる。見る角度を変えてみることで「手放す」ことができるようになるものです。その「考え方」「見方」のコツやヒントを紹介していくのがこの章です。

だからといって、ものを粗末に扱うような考え方へ導くわけではありません。**手放すべきは、あくまでも不要なもの、あなたを「苦しめている」もの**なのですから。お伝えしたいのは、**「本当に大切なものを、大切に使うため」の考え方**です。

繰り返しになりますが、「好きなもの、必要なものを選び抜く」のが整理。だから、好きなものだけをピックアップして、あとは潔くお別れ。それができれば完璧！　ですが、そんなことできるの？　と思ってしまうかもしれません。先に説明したように、選ばれなかったものに対して、「もったいない」「いつか使うかも」とか「あとで必要になったらどうしよう」。そんな思いを抱いてしまうことこそが、整理ができない原因なのです。

**◆もったいない**

・壊れていない、まだ使えるからもったいない。

・気に入っているわけではないけれど、ほぼ新品に近い状態だから、もったいない。

・高価なものだから、もったいない。

**◆いつか使うかも**

・将来、子どもや孫が使うかもしれない。

・ここ何年も着てないけれど、また着るかもしれない。

・予定はないけれど、この食器、ホームパーティで使うかもしれない。

**◆処分することが、不安、忍びない**

・もう手に入らないかもしれないから不安。

・思い出深いものだから、忍びない。

・もらったものだから、申し訳なく感じる。

・ものを粗末にしているようで、つらい。

こんな心の声が、「整理」のじゃまをしてしまっているのです。だから、ものとお別れする前に、「この思いとお別れ」しなければならないんです。

22

# 我に返ってください。気の毒なのは、きっと自分です

ものが手放せない人は、「ものを中心」に考えがちです。

自分の暮らしを快適にすることよりも、ものを惜しむ気持ちが優先してしまっている。それが、「もったいない」という思いにつながってしまっています。

「使っていないけれど、まだ壊れてないし」「使っていないけれど、買って1年しかたっていないし」……。**〝あなた自身が〟使いたいということより、〝もの〟の状態を主軸に考えてしまっていませんか？**

まず考えてほしいのは、あなたにとって大事なのは、どちらなのか。「もの」なのか、「自分」なのか。本来、持つべきものは「自分の暮らし」を豊かにする、快

適にする、気分が上がるものです。しかし、どうでしょう。

使っていないものは、「生活を豊かにしてくれる／快適にしてくれる／便利にしてくれる／気分を上げてくれる」何かに、当てはまったでしょうか？　持っているメリットって……？

では、逆にデメリットは？

・家の収納スペースや、収納ケースを消費している。
・使わないのに、ときどき拭いたり、洗ったりしている。
・置く場所に困っている。
・正直なところ、じゃま。

こんな点にひとつでも当てはまったら、あなたの暮らしを豊かにするよりむしろ、「苦しめている」「振りまわしている」のではないでしょうか。

そうであっても、ものに対して「捨てるなんて気の毒」と、思ってしまう人もいるかもしれません。それに苦しむあなたが気の毒です。「自分」を大切にしてください。**ものに振りまわされたり、苦しめられたりして疲れてしまっては本末転倒**ですから。

55ページでも説明しましたが、人は理想やメリットより、不満やデメリットのほうが見つけやすいと思います。だから、このようにデメリットを挙げてみれば、あなたの「本音」にたどり着けるはずです。

# 23

# 「いつか、使うかも」の〝いつか〟って、いつでしょう？

整理でものを厳選する基準のひとつが、「必要か不要か」です。

何が「必要」で、何が「不要」か。その判断は、まずは**「〝今〟の日常で使っているか」「〝今〟の日常で使っていないか」を基準で考える**といいと思います。

「今（日常的に）使っているもの」であれば、おおむね「必要なもの」です。その中でも「好き」でなければ残すには値しないのですが、でも、突然なくなってしまうと困ってしまうものは、今の日常に「必要なもの」ですよね。そこに当てはまらないもの、すなわち「今、使っていないもの」はどうでしょうか。「なくても、困らない」ことがほとんど。つまり、おおむね「不要」なのです。

ただし、今は使っていなくとも、お正月やクリスマス用品など特定の時期に使うもの、冠婚葬祭のアイテムなど、必要なタイミングで活用されているなら、それは必要なものです。

それでも、いざ必要なものを「選ぼう」とすると迷ってしまい、なかなか減らせないのは、**「使うかも、必要かも」といった、「かも」に惑わされているから**です。今は使っていないけれど、「いつか使うかもしれない」と、未来を見据えた考え方や判断が、ものを増やしてしまっています。

例えば、

・やせたら着られる〝かも〟と、とってある服
・リゾート旅行で着る〝かも〟と、保管してある未使用のワンピース
・将来、子どもが着る〝かも〟と、残してある服
・お客様が集まったときに使う〝かも〟と、用意したグラスのストック

・いつか使う〝かも〟と、しまってある引き出物

こういった決まっていない予定のためのものが眠っていないでしょうか？

もちろん、

・来月の旅行で、着るから。

・来年のクリスマスも、人が集まるから。

このように具体的に使うことが決まっていれば、必要なものです。

しかし、**「いつか、使うかも」の〝いつか〟は、「いつくるかわからない、いつか」**です。正直に言って、**その〝いつか〟はいつまでたってもきません**。

かつて私も「いつか泊まるお客様のために」とふとんを備えていました。圧縮袋を買って、頑張って圧縮して。さらに、どうすれば押し入れの隙間にうまく入るか、突っ張り棒をストッパーにしてみるなど、試行錯誤。時間も手間もグッズ代も費やしたものです。でも結局、「いつか」も「泊まるお客様」も来ませんでした。

今使っていないものを「使う」のはどんなときでしょう。トレンドがあるものであれば、日がたつにつれ、トレンドから離れていきます。中には使用期限があるものもあります。どんなものも劣化していくわけですから、「未来」に今よりいい状態はありません。きっと、先になればなるほど、今よりも「使わない」可能性が高くなっていきます。

さて、「今、使っていないもの」の中には、「過去のもの」もあります。「今は使っていないけれど、かつて使っていた」というものです。多いのは、「思い出」の品。

例えば、

・20歳の誕生日にもらったアクセサリー
・初任給で、頑張って買ったバッグ
・子どもが描いた絵や手紙、気に入っていたおもちゃ
・昔、旅先で買った民族衣装や小物

写真などもそうですが、「思い出の品」の中には、代えがきかないものもありますし、所持していることで、「気分が上がる」「幸せな気持ちになる」のであれば、「好きなもの、必要なもの」と言えるのではないでしょうか。

しかし、「気分が上がるわけではないけれど、なんとなく持っている」「処分するのはなんとなく、もったいない、惜しい」「なんか、手放すタイミングがなかった」。そうであれば、「好きなもの」では、ありませんよね。ただただ管理の手間、スペースを費やすものになってしまうのです。

「必要」に当てはまる思い出の品は、すぐ手放す必要はありません。とはいえ、**思い出の品というのは必ず増えますから、「ここに入るまで」と量をあらかじめ決めることが大切**です。そうしないと、どんどん増え、管理ができなくなってしまいます。そうなってしまうと、本当に大切なものが埋もれてしまったり、どこかにいってしまったり……。扱いが雑になって、思い出の品を傷つけてしまいかねません。

「過去の品」の中には、「いつか、使う〝かも〟」にとらわれて手放せないものがた

今 使っているもの

## 必要なものが多い

- お気に入りの服やコスメ
- 使いやすいキッチングッズ

…etc.

今 使っていないもの

## 不要なものが多い

- 気に入っていない服
- 将来の子どもや孫へのギフト
- お客様用に用意した食器
- 旅先で買った思い出グッズ

…etc.

くさんありますよね。

「20代のときに買ったバッグ、またいつか使う〝かも〟」。そんな〝かも〟のために残してあるけれど、もう何年も出番がないのなら、使っても気分が上がらないし、今の自分や時代には合っていないと感じているからではないでしょうか。だったら、この先も使う可能性は低い。いや、ないと思うのです。

「いつか使うかも」の、〝いつか〟は、いつまでたってもこないのですから……。

# 24

## 「もったいないから使わない」が、いちばんもったいない

「使っていない」ものがすべて不要かというと、実はそうでもありません。この中に、「好きなもの」が存在することがあります。「気に入っているからこそ、もったいなくて使えない」というパターンです。

例えば、「奮発して買った服、もったいなくて着られない」「この香水、気に入っているから使うのが惜しい」というように、〝もったいない〟から、使わず、しまい込んでしまう。こういう方に、たくさん会ってきました。

この結末は、だいたい眠らせているうちに流行遅れになってしまったり、使用期

限が切れて捨てる羽目になってしまったり……高価なものなのに、残念な結果に。

好きなものだからと大事にしたつもりが、逆にかわいそうな目にあわせてしまっています。


「もったいない」という言葉の本来の意味は、「無駄になることが惜しい」とか「ものの価値をいかせず、無駄になっている」こと。つまり、**「もったいないから、使わない」ことこそ、ものの価値をいかせていないわけで、本当の「もったいない」**なのです。


人は、お気に入りのもの、大切なもの、高価なもの、新しいものほど、「汚したくない」「特別な日に使おう」という気持ちが働き、しまい込む傾向があります。

そのかわりに普段は、汚れてもいいものや、それほど気に入っていないものを使い、「もっといいのが欲しいなあ」なんて、つぶやく。

お気に入りが手元にあるのに、矛盾していますよね。

私のレッスン生にも、こんな方がいました。

トラベルサイズの高級化粧品を、〝もったいない〟という理由で、ずっと保管していたのだとか。

ある日、入院することになり、その入院中にその化粧品で肌ケアをしたそう。本人としては、いい化粧品で安らごうとしていたのかもしれません。ところが待っていたのは、顔中、湿疹という悲劇！　なんとその化粧品、入手後10年もたっていたのです。とっくに使用期限は切れているし、変質もしていたのでしょう。でも病院だったため、すぐ薬を出してもらえてラッキーだった（笑）と。

そんな笑い話ですめばいいですが、しまい込んだ末に劣化させたものを、つけたり口にしたりしたら、体に深刻な害だって与えかねませんよね。

# 25

## もったいない症が招いた、我が家のノベルティ皿事件

キッチンに使っていない食器がたくさんある人に話を聞いてみると、その理由は主にふたとおり。「来客用だから使わない」「お気に入りだから使えない」。

ともに、心にあるのは「もったいない」という心理です。

「来客用だから使わない」というのは、かつての私もそうでした。当時我が家に自慢の食器コレクションがあったのですが、それはお客様用。「いい食器」を持っているにもかかわらず、普段はノベルティのお皿が主力選手だったのです。

さて、事件が起きたのは、友人がケーキを持って遊びに来てくれたときのこと。

当時まだ小学生だった娘にケーキのお皿の用意を頼んだところ、お客様に差し出し

たのが、なんと、いつものノベルティのお皿。違う、違う、それじゃないやん！奥にしまってある〝いい食器〟を出してほしかったのに！

ああ、お客様になんと失礼な……。それに、「きっと〝貧乏くさーい〟って、思われた」と、私としてはとても恥ずかしい思いをしました。

しかしながら、娘の言い分はこう。「うちには、あのお皿しかないと思っていた」。普段ノベルティばかりを使っていたものだから、お客様用のいい食器の存在すら知らなかったわけです。

**〝お客様にだけ〟いいものを使う。**これって、本来あるべき姿とは違うと思うのです。だって、**いちばん大事なのは「家族」**ですよね。いたわりたいのも、心地よい時間を一緒に過ごしたいのも、いちばんは家族のはずです。よくよく考えてみると、**「いいものはお客様だけ」なんて、これでは家族をぞんざいに扱っているようなもの。**

そう改心した私は、その日のうちに「お客様に出しても恥ずかしくない食器」以外は、すべて処分。お客様も家族も分けることなく、「使って本当に心地いい」食器だけを残しました。

## 26

# 大人になった私に
# あなたはもう、必要なかったのです

私には、こんな経験もあります。

20代のころ、とても気に入っていたチューリップ型の箸置きがあったのですが、その当時は、「使うのがもったいない」と箱に入れたまま、大事にしまっていました。そのまま使わずに30代を迎え、箱を開けてみると、なんだかとても子どもっぽく感じて、まったくひかれなくなってしまったのです。あんなに気に入っていたのに……。それで結局、使わずじまいで手放したのです。

**人は年を重ねるにつれ、好みや思考も変わっていきます。でも、その間、「もの」**

**は何も変わりません。**買ったときは同じスタート地点だったけれど、成長しない「もの」だけが置き去りになり、いざ使おうとしたときには、もう、心との距離ができてしまったというわけです。

**人は成長しても、ものは成長しません。**

そして、「いつか、使うかも」の〝いつか〟は、やっぱりこなかったのです。

さて、こういった場合で、**いちばん問題なのは「手放せなくなる」こと**です。自分が気に入っていたときや、旬のときにたくさん使ったならば満足もできるし、ものに対して「たくさん使わせてもらったから」という感謝の気持ちが湧き、惜しまずにお別れすることができます。ところが使っていないと、「もう使わない」「自分には合わない」とわかっていても、今度は、**「使っていないから、もったいない」という気持ちにとらわれ、手放すことができなくなってしまいます**。そこにまた新しいものを買い足せば、ものは雪だるま式に増えていきますよね。

**所持していたものが時を経て自分自身と合わなくなるのは当然のこと。**

人は時とともにライフスタイルも気持ちも変わっていきますから、その都度、買い替えも必要です。そして同時に、使わなくなるものを「手放す」ということが必要なのです。

スムーズに手放すためにも、**「もったいない」という気持ちを残さないよう、〝今〟きちんと使ってあげることが大事**です。

# 27

## 買い替えが引き寄せるのは快適と幸運です

手放せないものの中には、「好きではないけど、日常で使っているもの」も存在しますよね。

前項までお伝えしてきたように、好きなものを使うのがもったいなく、好きではないものを使っている場合は、ぜひ、「好きなもの」を繰り上げしてください。

しかし、「これしかないし」と、ガマンしている場合もありませんか？　例えば、

・このおろし器、おろしにくくてイライラするけど、これしかないから。

・このパスタ鍋、取っ手が割れているけど、これしかないし。

・このジャケット、気に入っていない。でも、今の季節に合うのはこれしかない。

整理の定義は「好きなものを残す」ことですから、好きでなければ残すに値しないのです。しかしこれらを今すぐ手放したら代わりがないのだから、今より「不便」になってしまいますね。その場合は、これらはぜひ、**「快適に使えるもの、好きなもの」に買い替えましょう**。そのほうが、暮らしも気分もずっとよくなります。

こういった「好きではないもの」を使い続ける心に潜むのは、「本当はもっといいものに買い替えたい」、だけど、「まだ使えるからもったいない」「出費はもったいない」。そんな気持ちではないでしょうか。

でも、使いやすいおろし器、鍋にチェンジすれば家事が快適にも時短にもなるし、料理そのもののレベルだってアップするかもしれません。

**ここでの出費を惜しむより、のちのいい効果のほうが絶対に多い。「買い替えてよかった」と必ず思えます！**

服だって、気に入っていないのをわかって着ているなんて気分が上がりません。周囲の視線も気になってしまいますよね。

当然ですが、買い替え後は、今ある「好きではないもの」は手放してくださいね。

それから、「好きだけど、片づけにくい」というものはありませんか？　つまり、住環境に合っていないものです。

キッチンの収納エリアに収まりきらない大きな鍋やフライパン。それらが気に入っているものだとしても、収まりきらないとなれば「快適な暮らし」のじゃまをしているのです。そういう「好きだけど、じゃま」なものは、「好き。なおかつ、生活のじゃまをしない」サイズのものに買い替えませんか？

# 28

## 幸せにしてくれるものだったら多くたっていい

家を見渡すと、やたらとものが多いジャンル、わりとものが少ないジャンルがありませんか？

例えば、ファッションが好きな人はクローゼットや靴箱にはたくさんアイテムがありますよね。料理が好きな人は食器やキッチングッズが多いし、小さいお子さんがいれば、子どものグッズが増えていく。大好きなアーティストのグッズに家が占領されている！　という方もいました。

ライフスタイル、趣味嗜好、年齢などによって、持っているものやその量のバランスは異なります。また、同じ人であっても、ひとり暮らしでバリバリ働いていたときと、子育てが中心の時期とでは、「必要なもの」はまったく違いますよね。

「服は、10着までにしましょう」「靴は5足まで」など、個数を限定する整理のアドバイスもよく目にします。「10着でおしゃれはできる」といった、着回し術的な指南の話は別ですが、整理の観点から言えば、**万人に同じ「適正量」は当てはめられない**と思っています。

いろいろなシーンに出向くから多種の靴が必要という人もいれば、1〜2足あれば十分という人もいます。適正量は、人それぞれ違うのです。

だから、必要なジャンルのものは、必然的に適正量も多くなるし、持つ量も多くなると思います。それが、暮らしを快適にし、豊かにし、気分を上げてくれるものであれば、多めに所持していてもいいと思います。

とはいえ、部屋の大きさは限られていますから、あれもこれも多くというわけにはいきません。**好きなジャンルのものは多くてもいいので、そのかわりほかのジャ**

**ンルは少なくする。そうやって、帳尻を合わせるようにしましょう。**

そうでないと、もののための家になってしまい、人が暮らすスペースが減ってしまいます。部屋は、倉庫ではありません。人が暮らす場所です。暮らしの中心は、ものではなく人なのです。

それから、好きなジャンルのものであっても、残すのは「必要なものである」ことが必須です。使わないもの、着ないものだったらそれは不要なもの。管理のスペースや手間の無駄遣いになってしまいます。

# 29

# ミニマリストは、風水的には開運しません

皆さんは、私の家をどんなふうだと想像していますか？

「テーブルとイスが、ポツンとあるだけ」「何の飾り気もない、殺風景な感じ」「もしかして、テレビもないのでは!?」なんて、思っていませんか？

決して、そんなことはありません！　飾り棚には小物も飾ってありますし、観葉植物もあります。クッションカバーも季節によって衣替えしますし、テレビもエスプレッソマシーンもフードプロセッサーもあります。

私が目指しているのは、いわゆるミニマリストのような、ものがない生活ではありませんし、（エコに配慮はしていますが）究極のエコ生活でもありません。目指

すは、「心地よく快適な暮らし」です。

だから、**暮らしを便利に豊かにしてくれるものは持ちます**。テレビも観たいし、おいしいコーヒーも飲みたい。仕事をしていますから家事は時短にしたい。なのでそのためのツールは、私にとって必要なのです。

それに**「すっきり」と「素敵」は違います。私が求めるのは、「素敵」**。もちろん、何もかも取っ払った「すっきり」が素敵という人もいますが、私は何も飾り気がない殺風景な部屋では、なんだか淋しい気持ちになってしまいます。

風水では、生花やフロアライト、キャンドルなどは〝よい気〟をもたらしてくれるアイテム。いわば、開運グッズです。風水というと、占いやおまじないだと思う人もいますが、風水は統計に基づいた環境学。「心地いい空間」をつくるための「学問」です。

例えば、空気の流れがよく心地いい環境の場所ってありますよね。家の中でも暗い部屋で過ごすより、風の抜ける明るい部屋のほうが断然気分がいい。すると、元気にもなります。部屋に花があれば気持ちが潤うし、逆に目障りなものが置いてあれば、頭も混乱してしまいます。風水とは、そうやって多くの人が日常で経験しているようなことを、理論的にまとめたものです。

**装飾品に限らず、あなたの心を潤すもの、暮らしを快適にするものは必要品です。**

だからといって、あれもこれも所持したら、当然ながら管理できなくなり、あなたを困らせるものになってしまいますが。

# 30
# なくてもよかった、ガーリッククラッシャーのその後

暮らしを快適に、豊かにするアイテムはあっていい。むしろあったほうがいい。

問題は**それが「本当に必要かどうか」**です。

一見、必要そうに見えて、実はあなたを振りまわしているもの、片づけのじゃまをしているもの。そういったものを見抜くことも、整理を進めるうえでのカギです。

「あったら便利だから」。そんな理由で購入したものは、ありませんか？

ズバリ、**「〝あったら便利〟は、なくてもいいもの」**です。

例えば、料理をする人にとって包丁やまな板は、なくては困りますよね。では、

にんにくのみじん切りができる、「ガーリッククラッシャー」はどうでしょう。

包丁でみじん切りが、どうしてもできない。そんな人だったら、ないと困るかもしれません。でも、「包丁でもできるけれど、あったら便利そうだなあ……」。こんな心の声は、裏を返せば、なくても大丈夫ということではありませんか？

なぜ、ガーリッククラッシャーを例にしたかというと、片づけにうかがうと、よくあるのです。そして、聞けば皆さん「使っていません」が決まり文句。いちいち棚から取り出すのも面倒だし、その間に包丁でみじん切りができてしまう。しかも、目詰まりして洗うのも手間がかかる。だから、結局1～2回使ったきり……。「あったら便利」どころか、「あっても使わない」ものになってしまっています。

収納スペースに余裕があれば、「あったら便利なツール」に苦しめられることは少ないかもしれません。しかし、片づけられないという悩みの根本は、ものが多いことです。そして、整理の目的は管理できる量に減らすこと。

**「あったら便利は、なくてもいいもの」。だから、それらが「減らせるもの」でもあることを知っておいてほしい**のです。

# 31

# 家族にも伝えてください。絶対見たらダメ！

必要なのか、不要なのかを判断できない、踏ん切りがつかない。整理を始めると、そういうことが最初はあると思います。

そんなときのおすすめの策は、**〝迷いボックス〟に封印する方法**です。

段ボール箱でも紙袋でもいいので、「一時保管場所」をつくり、そこに残すか手放すか迷っているものを入れます。そして、必ず封印してから、クローゼットなり押し入れなりに、しまいましょう。その際は、中身が見えないようにすることがポイントであり、絶対条件です。

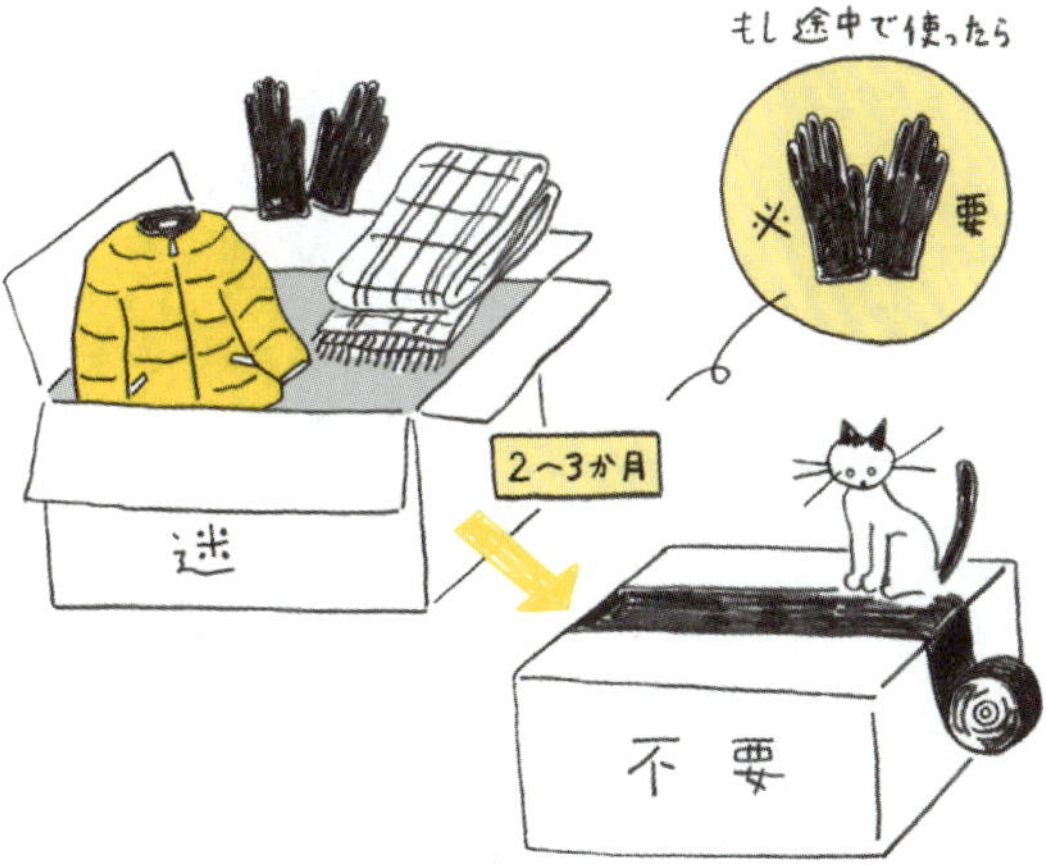


**封印期間を決め、その間一度も開けることがなかったら、その中はすべて不要なもの。**必要になって取り出したものがあれば、それは、残すものということです。

封印期間は、2〜3か月くらいがいいでしょう。四季に関わるものであれば、その季節が切り替わるタイミングまでが、判別しやすいと思います。その冬不要だったマフラーは、来冬も使いませんよ。

**重要なのは、絶対に途中で開けないこと**です。確実に必要になったものを取り出すために開けるのはルールの範疇《はんちゅう》ですが、それ以外はNG。

途中で開けて、中身を見てしまったら心が動いてしまうから。せっかく、お別れするほうに近づいていたのに、見たら残したい気持ちにどんどん傾いてしまいます。それでは、そこまでやったことが水の泡……。

また、封をしないと何かの拍子で中身が目に入ってしまうかもしれないし、家族が取り出してしまうことも。なので、封をすることも厳守です。

# 32

# その親切心、相手を困らせているかもしれない

手放すものに関して、「捨てる」はあくまでも最後の手段。リサイクルショップに買い取ってもらう、もしくはフリマアプリで出品する、寄贈するなどで手放せれば「捨てる」必要はありません。

また、「本当に必要としている人に差し上げる」ことも手段のひとつですが、**ここで注意してほしいのが、相手の本当の気持ち**です。「本当に必要」と思っているならば、喜ばれますし最良の選択です。しかし、断れなくて、やむを得ず受け取ってしまうという人もいないとは限らないのです。

相手に受け取っていただけたら、あなたは「捨てなくてすんだ」と心が軽くなり、

部屋もすっきりするでしょう。

逆に、しかたなく受け取った相手はどうでしょうか。

その処分に困ってしまうかもしれません。あなたが感じていた「捨てることへの罪悪感」を背負ってしまうかもしれません。はたまた、そのいらないものに収納スペースや管理の手間を費やしてしまうかもしれないのです。だから、**「押しつけ」になっていないか、よく考えたうえで差し上げることが大事**です。

「もったいないから、将来の孫にとっておこうと思って」と、子ども服やおもちゃを保管している人もよくいます。でも、どうでしょう。今は素敵に見えても、**10年、20年後の子どもたちの好みや時代にフィットするとは限りません**。アンティーク品など、時を経ることで価値が上がったり、魅力が増したりするものもありますが、そうでなければ、基本は時とともに劣化し価値も下がります。長年、収納スペースを費やしてきたけれど、いざ箱を開けてみたら変色していたなんてことも。

96ページで説明したように、**未来のための収納にメリットはまずありません**から、このようなケースも**「いつか使うかも」ではなく〝今〟手放すことが賢明**です。

# 33

## 「いただきものは永久不滅」は、思い違い

「10年前に友人の新婚旅行のお土産でもらった置きもの、もうボロボロなんだけど、捨てるに捨てられなくて」

「結婚式でいただいた引き出物、もう使ってなくて。15年間しまったままなんだけど、処分するのは悪いと思わない？」

もし誰かにそんな相談を受けたら、あなたは何と答えますか？

「処分していいんじゃない」

と答えませんか？

でも、自分のこととなると、「贈ってくれた人に悪い」「記念品だし」「いただい

たものを処分するなんて、薄情者じゃないかしら」。そんな理由から手放せないものがある……。心当たりがある人も多いのではないでしょうか。

もちろん好んで活用していればいいのですが、使っていないし、今後も使いそうにない。もしくは、もう、使い古してしまった。

でも、なんだか「処分」は心が痛んでできない……。


そのときは逆の立場になって想像してみてください。**仮に、自分が差し上げたものので、もらった人がこんなふうに困っていたらどうでしょう。**

「どうか気にせず、今すぐ処分してほしい」と、思いませんか？　自分があげたもので相手が苦しんでいるなんて、逆に苦しくなってしまいますよね。

あなたに、ギフトを贈ってくれた相手だってきっと同じです。

相手のためにも、**「いただきものだから……」の呪縛から、自分を解き放ちましょう。**そのほうが、みんなが幸せです。

# 34

## 小さな後悔は、実際、痛くもかゆくもない

「あとで必要になったらどうしよう」

そんな不安から、ものが手放せないという人も多くいます。でも、私の経験上、「手放すか残すか迷ったもの」を手放して、あとで大事に至るということは、まずありません。

何か特殊な事情がある場合は例外ですが、一般的な家庭における「もの」であれば**「うっかり処分」しても、だいたいどうにかなります**。例えばたくさんあったハサミを必要数だけ残して手放したら、すぐ1本壊れた。「ああ、もう1本残してお

けばよかった」なんていう小さな後悔はあるかもしれません。だからといって、頭を抱えて困ってしまうようなことではありませんよね。

しいて言えば、「紙焼きの写真」などは唯一無二の場合も多いので、特別な思い入れがある人は、その判断は気をつけたほうがいいかもしれません。あとは、現金や領収証。なくしても再発行してくれません。


小さな後悔をしたくない気持ちと、部屋をすっきりさせたい気持ち、どちらが大きいですか？

少なくとも、「片づけに疲れてしまっているあなた」に私が言えることは、**小さな後悔を恐れて片づかない部屋で暮らすより、すっきりした部屋で暮らすほうがずっとずっとストレスは少ない**、ということです。

それでも、不安で手放せなければ、いったん手元に残したほうがいいかもしれません。「すっきり片づけたい」という思いよりも「捨てることの不安」が強ければ、無理に手放してもストレスになってしまいますから。

それに、**整理における、こういった不安症、心配症は訓練で治ります**。いくつか経験していくと、本当に必要なものは少ないことに気づきます。自分にとって本当に必要なものを見抜く力がつくと、それ以外を手放すことへの不安もすっと消えていくもの。だから、最初から完璧を目指さなくてもいいし、自分にとってやりやすいジャンルからやって慣れていくのがいいと思います。

大事なのは、あきらめないことです。

# 35 今は、ものが減らせる時代です

「ものを減らす」ためには、デジタル化も有効な手段です。

まずは「紙類」。私は、**書類は一部の例外を除き基本、すべてスキャンしてデータ化。現物は処分しますから、書類の山はできません**。私が愛用しているのは、PFUの「ScanSnap iX1600」というスキャナーです。

皆さんは、DVDプレーヤー、CDプレーヤーを現在も使っていますか？　使っているという人もいれば、もう使っていないけれど、なんとなく手放せず持っているという人もいるかもしれません。

私も昔は、もちろん生活必需品でした。しかし、**今の時代は映画も音楽も配信サービスが主流**です。定額制で見放題、聞き放題の「サブスクリプションサービス」も当たり前になり、利用している人は多いと思います。このサービスを利用すれば、CDプレーヤー、DVDプレーヤーは必要ないし、CDもDVDも増えることはありません。

本や雑誌もそう。電子書籍でも出版されているものがほとんどで、本をいくら買っても、部屋の空間をまったく費やさない、ということが可能な時代です。

音楽、映画が趣味で、CD、DVD、あるいはレコードで鑑賞したい、というこだわりがある人もいるかもしれません。本も紙のほうが、読みやすいという人も。

これらは趣味嗜好の問題もあるので、配信やデジタルがいいかどうかは人それぞれですが、ただ「整理」の観点から言えば、**これほどものを快適に、ラクに、大幅に減らせるものはありません**。

この本を読んでいる方は、「ものを減らす」という目的を抱えているはずですから、利用していなければ、ぜひ検討してみてください。

# 36

## まずは空っぽにして、すっきりしましょう

いざ整理を実践するとき、気をつけてほしいルールがあります。ひとつは、78ページで説明したとおり、「狭い場所」から始めること。まずは、小さい引き出しなど小エリアで「整理収納」を完結できたら、次のエリアへ進んでください。

**整理の最初のステップは、ものを「全部出す」こと。**

ここで、やりがちなのが「間引き」です。中のものを出さずに、「不要なもの」だけをつまみ出して終わらせてしまう人が多いのです。引き出しの奥、隙間、下のほうに埋まっているものが必ずあります。間引きでは、それらをスルーしてしまい、

また不要なものを保持することになってしまいます。

それに「必要なものを選ぶ」という作業も、一度全部を出さないと、うまくいきません。床に新聞紙やレジャーシートなどを敷いて、出したものを全部見えるように並べましょう。とにかく中に入っているものは一度、全部出してください！

**間引きは手抜き。その手抜きが、あとで自分を苦しめます。**

空になれば、そのついでにささっと掃除もできるので、まず、きれいにしましょう。

こうやって、全部見えた状態で「必要なもの」「好きなもの」を選んでください。

# 37

# 人生でいちばん若い今日こそ「生前整理」の始めどき

整理の観点からお伝えしておきたいことのひとつに、「生前整理」があります。

私が「生前整理」の必要性を最初に感じたのは、40代前半に大きな病気をしたときです。「入院後、もう家に帰れないのでは⁉」。そんな不安がよぎり、同時に、「私の財産はどうなるの？」「昔のスケジュール帳を娘たちに見られたくない！」と、大焦り。入院前の1週間で、身辺の「もの」「こと」を整理したのです。

こういった自分自身の経験や若くして突然亡くなった従妹の死から、「人生はいつ何があるかわからない」と痛感！　身辺は、年齢問わず、普段から整えておかなければならないと強く感じました。つまり、**「生前整理＝老後」ではない**のです。

まず整理しておきたいのが、預貯金、証券、保険などの財産の情報。これは、214ページの要領で普段から管理をしておけば、家族にも伝えやすいですね。

注意したいのが、スマホやパソコンなどのデジタル機器や、インターネット上で管理されている情報です。今や、ネットバンキング、ネットショッピング、電子マネー、動画配信サービスなど、あらゆることがデジタル上で行われています。

そこで、**やっておきたいのが、ログイン情報はもちろん、契約しているあらゆるサービスのアカウントやパスワードを一覧にしておくこと**。これを、万が一のときには家族に伝わるようにしておきましょう。ただし、一度整えたら終わりではなく、パスワードなどを変えたら、その都度、アップデートが必要です。

**もちろん、「もの」の整理も必要。**ものを膨大に残せば、その処分を家族に負わせることになりますから、その意味でも、不要なものは手放さなければなりません。また、過去の日記や手紙など、「見られたら嫌」というものはありませんか? 「もし、家族に見られたら……」と想像すると、それだけで毎日、気が気じゃありませんよね。早めに処分しておいたほうが、「今」を心地よく生きられますよ!

# 38

# のちの「遺品整理」。苦か楽かは、「今」のあなた次第

遺族が、故人の身のまわりのものや、思い出の品を整理するのが「遺品整理」ですが、いざ手をつけようとすると「ものが膨大で、収拾がつかない」「親がコレクションしていた絵画や骨董品をどうしていいかわからない」などということも多く、遺品整理が何年も終わらないことも珍しくありません。

そうならないためには、どうすればいいのか。おすすめは、**親が元気なうちに、一緒に身辺や住まいの整理をしておくこと**です。

高齢者の住まいであれば特に、ものの放置は危険。つまずき転倒もしかねません。遺品整理の負担を減らすことはもちろんですが、親の「今の暮らし」の安全や快適

さのためにも、「不要なもの」は手放し、必要なものだけ残す作業をしましょう。

今のシニア世代にありがちなのが、たんす上の物置き化。何十年も前の引き出物などが、箱ごと放置されています。部屋の中でよく見かけるのは、健康器具。かつて一世を風靡した「ぶら下がり健康器」が、もはや、物干しとなりどんと居座るお宅の多いこと！

まずは、こういった**大物から整理していくと、スッキリ感が出てやる気も上がります**。「捨てる」に親の同意を得にくい場合は、リサイクルショップで買い取ってもらう。あるいは、寄付を提案するといいでしょう。ちなみに、ひな人形や五月人形など、「人形の手放し方がわからない」という声も多いのですが、神社仏閣や葬儀会館で人形供養をしてもらうことができます。

また、骨董品などは遺品となったとき、「どうしてほしいのか」を聞き出しておくといいでしょう。扱い方を決めておけば、いざ遺品整理の段階になったときにも、迷いません。財産の情報や、デジタルまわりのアカウントやパスワードなども一覧にする作業を一緒に進めておきましょう。

Column 2

# 家電製品の近くに植物を置きましょう

117ページで風水について触れましたが、皆さんにもぜひ取り入れてほしい開運法をひとつご紹介します。それは、家電製品の近くに植物を置くことです。

風水では、生きている植物は開運アイテム。活気や生命力を与えてくれるとともに、空気を浄化する働きがあると言われています。特に、テレビ、エアコン、オーディオなどの家電製品の近くに置くと効果的。電化製品から発生する電磁波は気を乱すと言われているのですが、植物を近くに置くことで、それを中和してくれます。

せっかくなので、開運効果の高い品種を選んでください。おすすめはパキラやガジュマル、サンスベリアなど葉が上に向かって伸びていく品種。これらは成長や発展を意味し縁起がいいと言われています。注意したいのは、プラスチックの鉢はNGということ。植物のいい効用を得にくくなってしまうので、陶器などの鉢に替えるか、鉢カバーを利用しましょう。

Chapter

3

# 収納のコツ

さっと取れて、さっと戻せる。
そんな快適な収納は、
コツをつかめば、意外と簡単。
必要なものだけ残したら、
さあ、収めていきましょう。

# 39

## 収納は、詰め放題ではありません

第1章でも、かつての私が「勘違い収納マニア」だったことはお話ししました。当時の私にとって収納とは、とにかくものをたくさん詰め込むこと。まるでテトリスのように空間を埋めることに力を注ぎ、狭い隙間には圧縮したふとんなどを、ぐいぐい押し込んでいたわけです。

たくさん入れれば、勝ち！　そんな**〝詰め放題〟のような収納では、使いたいものがすぐ取り出せません**。ひとつ何か取り出せば、ほかのものがバラバラこぼれ落ちて、がっくり。片づけるのもイヤになってしまいます。そう、これもまさに散らかる要因です。

**収納とは、「ものを使いやすく収めること」**です。「使いやすく」というのは、取り出したいものが取り出しやすく、戻しやすいこと。引き出しや棚からすっと取ったり戻したりができることはもちろんですが、それを**使う場所からアクセスがいいところに収まっていると、さらに「使いやすさ」が上がります。**

**収納で力を注ぐべきは、「いかに、たくさんのものを収められるか」ではなくて、「いかに、使いやすくものを収められるか」**なのです。

前章でお伝えした「整理」は、基本は「思考の変革」がキモでした。ものを持つことに執着していた考え方を手放していかなければ進みません。

それに比べて「収納」は、テクニックが主体です。だから、ルールに沿って＋αのワザを加えていけば精度も上がっていきます。「どうすれば、もっと取り出しやすくなるか」の仕組みをまるでゲームのような感覚でつくっていくことに、「ハマる」人も多いのです。私の元へおとずれるレッスン生も、「整理は大変だけれど、収納は楽しい」と言います。

しかし、**整理を飛ばせば収納は失敗します！**

失敗というのは「使いにくい」ということ。かつての私も整理を飛ばしていたので、実に使いにくい収納でした。

収納とは「いかに、使いやすくものを収められるか」。そのためには、整理で不要なものを減らす。それが、「使いやすく収める」ことの最大のポイント。

だから必ず前章の「整理のコツ」を読んでから、この章を読んでくださいね！

# 40

# いつも住所が変わったら戻ってこられません

**収納環境をつくるうえでポイントになってくるのが、「定位置」**です。**定位置とは、ものの置き場所となる住所のこと。**この住所は常に決まった場所でなくてはいけません。使うたびに住所が変わってしまうと、ものはあちこち移動し、所在不明になってしまいます。

皆さんの家でも、使おうとするたびに違う場所にある。そんなものが多いのではないでしょうか？　それゆえに、「どこだっけ？」「どこにしまったかな？」「ない、ない、ない！」といつもものを探している。出かけようとした矢先に、「カギがない」「カードケースがない」「スマホがない」などとあわてることも日常茶飯事……。

そんな日々に疲れてしまっている人が大半でしょう。

なぜそうなってしまうのか。その理由は、「これは、いつもここに置く」という、定位置を決めていないからです。だから使うたびに、使った場所の近くの引き出しに適当に入れてしまったり、その場に放置してしまったり……。それによって、ものが迷子になり、どんどん散らかってしまうわけです。

逆に、定位置を決めてはいるのに、行方不明になってしまう。つまり戻さず出しっぱなしにしてしまうのは、その場所が戻しにくいから。つまり、使いやすい「収納環境」になっていないのです。また、自分は定位置をわかっていても、家族がわかっていない、戻しにくいという場合もあります。その場合は**自分だけでなく、家族にもわかりやすく戻しやすい定位置に改善する必要があります**。

第1章でもお伝えしたとおり、片づけとは、「使ったものを元に戻す」ことです。言い換えれば、**「戻す場所」がないと片づけができない**ということ。

だから、ものにはすべて定位置が必要です。そして、一つひとつのものに適切な「定位置」をつくっていくことも収納作業です。

# 41

# 収納グッズ探しは楽しくても
# どうか最後に

収納の大まかな流れは、次のとおりです。

**1．グルーピング（仲間分け）→2．配置（仮置き）→3．仕組みづくり→4．サイズを測る→5．収納グッズ選び・定位置化。**

もちろん、「整理」で必要なものだけを残したあとに行うことが大前提です。

また、整理で厳選したものはすぐには棚や引き出しに戻さず、全部出した状態で収納の作業を行っていきます。

さて、いざ収納を始めようとしたとき、片づけられない人がついやってしまうのが、「収納グッズを先に買ってしまう」こと。

まだ何も始めていない段階から、**「とりあえず、グッズ！」「まずグッズ！」と買いに走ってしまう人が非常に多いのですが、そのはやる気持ちには待ったをかけてください。**

グッズを買うのは、まだです。置く場所、置き方を決めたうえで、「その場所、そこに入れるものの収納に適した」グッズを用意することが必須。

グッズを先に買ってしまうと、「このケースには、何を入れよう」というように、ケースに合わせてものを選んでしまいます。また、「このケースが余っているから」と、もののサイズや特徴に合っていないのに無理やり利用してしまうことも。すると、使いにくい収納環境になり、「戻さない」という悪習慣へとつながってしまうのです。

収納は、**「ケースに合わせて、ものを選ぶ」のではなく、「ものに合わせて、ケー**

**スを選ぶ」こと**が重要なポイントです。

また、ものを配置する場所が決まったら、その場所のサイズを測って収納しなくてはいけません。

サイズを測らず適当に選んでしまうと、引き出しや棚に余計な隙間ができたり、サイズオーバーで入らず使えなかったりということも。そうなると、ただ無駄な出費と時間、ストレスばかりが蓄積してしまうことになります。

# 42

## グループピングの方法は
## ひとつではない

収納の最初のステップは、**「グループピング（仲間分け）」をすること**です。同じ引き出しの中に、文房具も書類も、コスメも薬も食べものまで……。ジャンルを問わず、あれもこれも、ごちゃ混ぜ状態。ジャンルごとに分かれていても、キッチンの引き出しを開ければ、調理ツールもスプーンも箸置きもミックス。メイクボックスには、リップもマスカラも、アイカラーも一緒くた……。こんなふうに秩序なく雑然とまとめられた収納環境が、使いにくいことは言うまでもありません。

まずは使うエリアごとに、使うものをまとめましょう。

キッチンにはキッチンで使うものを、洗面所には洗面所で使うものをというように、エリアごとのグループにきちんと分けたうえで、調理器具、食器、カトラリーなどアイテムごとに仕分けしていくことが基本です。

そして、**使用頻度や用途、使う場所などでグループに分けていく**ことで、さらに効率よく取り出したり、戻したりができるようにしていきます。

**どんなグループにするかはエリアやものの特徴、使う人のライフスタイルなどによっても変わりますが、収納の極意は、「使いやすく収めること」ですから、〝そのためにベストな分け方〟をする**というのが、常に大事なポイントです。

例えば、**「今使うもの」「それ以外」というグループで分けるという方法**です。

整理を経て、基本は「今、使っているもの」だけが手元に残ったわけですが、中には、今は使っていないけれど、必要なタイミングで使うものもあります。クリスマスやお正月用品、夏のかき氷セット、冬のお鍋セット。服や靴も、その季節のもの以外は、今は使いません。

それから、ストック類も今は不要なもの。**「今、必要なものを持つ」ことが整理収納の基本**ですから、ストックもできるだけ持たないことが理想ですが、まったくないわけにもいきません。例えば、文房具ならばシャープペンシルの替え芯やホッチキスの針、水まわりなら掃除用のスポンジや洗剤などのストックも、「今は使わない」というグループに分けられます。

グルーピングのもうひとつは、**使うシーンに合わせてセットでまとめる方法**です。例えば、「封筒と便せん、切手」。この3点は、おおむね一緒に使いますよね。それぞれを単品として扱うのではなく「手紙セット」としてひとくくりで考えます。ほかにも、「宅配便に使う袋と伝票」「アイロンと霧吹き」「洗剤とスポンジ」「土鍋とカセットコンロ」「デジタルカメラと、USBケーブルやバッテリーチャージャー」「冠婚葬祭用のバッグや袱紗《ふくさ》、アクセサリー」なども、アイテムごとにバラバラにするより、**「一緒に使うもの」としてまとめておくと、使うときにいちいち別の場所に取りに行く手間がなく便利**です。もちろん、片づけも時短でできます。

## 一緒に使うものはセットで収納すると便利！

# 43

## それぞれの持ち場で活躍する我が家の10本のハサミたち

我が家には、実はハサミが10本あります。ものを減らすことを推奨しながら、ハサミが10本も！　と、驚くかもしれません。しかし、どのハサミも「快適に暮らす」ためのもので、どれも「今、日常的に使っている」ものです。

**ポイントは、その10本をまとめてしまっているわけではないこと。**

「切る作業」が発生する場所に、それぞれハサミを置いています。

例えば、文房具入れではガムテープとセットにしています。薬の引き出しには、防水パッドやガーゼをカットするためのハサミ。洗面所ならば、洗剤などのパッケージを開封するためのハサミ。クローゼットには、商品タグやほつれた糸をカットするためのハサミがあります。

切る作業が発生したとき、その都度、別の場所にハサミを取りに行くのは面倒ですよね。取りに行くのが面倒ということは戻すのも面倒。だから、あえてまとめて置かず、**それぞれの場所に分散し、「使うものとセット」にして収納しています**。

こうすれば、取りに行ったり戻したりする手間や時間を節約できます。

ハサミは文房具だから文房具入れに。同じアイテムは一緒にグルーピング。そして、同じものはいくつも持たない。これまでお伝えしてきたことを踏まえるとこうなりそうですが、一概に何もかもそうすればいいというわけではありません。**「使いやすい」という目的を実現するためには、あえて分散することも、同じアイテムを複数持つことも有効**なのです。

基本はすべてのハサミを、その場所専用にしています。というのも、一度ガムテープを切ったハサミにはのりがついてしまいます。そのハサミで何かほかのものを切ったらベタベタになってしまいますよね。そういった点でも文房具入れのハサミはそこだけで使う「ガムテープバサミ」とするほうが、都合がよく快適なのです。

# 44

## 収納の要《かなめ》「定位置」は、動線が支配する

グルーピングをしたら、今度は「配置」をしていきます。つまり、**定位置を決めていくわけですが、ここでカギとなるのが「動線」**です。

動線とは、日常生活の中での移動経路のことですが、何をどこに置くと都合がいいか、使いやすいかはこの「動線に沿って考える」と決めやすくなります。

それぞれの住環境によって人の動きも違いますが、一般的にはお皿や調理道具が、キッチン以外のエリアにあったら使いにくいですよね。キッチンに置いたほうがいいし、さらに料理をしながらでもすぐに取れるところに置きたい。できるだけ少な

い動作で取ったり、戻したりできるほうが家事も時短になるし、手間もストレスもかかりません。

**動線を意識したうえで、使う場所のできるだけ近くに定位置をつくることが、「使いやすい収納環境」のポイント**です。

しかし、すべてのものを一瞬で手が届く場所には置けませんから、**何をいちばん近くに置くべきか、優先順位をつけていく必要があります**。

例えば、週に一度しか使わないものと毎日使うものならば、毎日使うものをより取り出しやすいところに置いたほうが効率的ですよね。

それから、「使う人」が自分以外の場合、その人の目線や行動を考えることも大切です。**人はひざから胸までの高さが手の届きやすい場所**です。

しかし、その場所が棚のどこにあたるかは身長によって異なります。大人の自分にとってはちょうど取り出しやすい高さでも小さい子どもにとってはどうでしょうか。背伸びをしないと届かないかもしれません。逆に、身長の高い男性なら、かがまなくてはいけないかもしれない。

家の中での動き方も、自分と家族とで同じとは限りませんよね。定位置が決まっているのに、なかなか家族が元に戻してくれない。その原因のひとつには、このように**収納環境を整えた人と、使う人の身体的条件や生活動線の違い**もあります。

家族で共有するものが多いリビングなどの収納は特に、自分だけではなく家族全員が使いやすく、戻しやすいかどうかを意識することも大事です。

# 45

## 収納場所も、採用前のお試し期間が必要です

147ページの冒頭で書いた収納の流れで、「配置」に「(仮置き)」と添えたのは、**収めるグッズを買う前に、そこが本当に使いやすい場所かどうかを確認する**ためです。**「定位置はここ!」と決めても、それはいったん仮置き**としてください。

というのも収納作業をしたときは問題ないと思っても、実際に家事をしながらだと、出したり戻したりがしにくい場合もあります。

実際に使うシチュエーションにならないと、意外と気づかないことも多いので、ものによっては仮置きの状態で数日暮らしてみましょう。もちろん、家族が使うものであれば、家族のチェックも必要です。自分は使いやすくても、家族は使いづら

いこともあります。

それで合格となれば、必要に応じてその場に適した収納グッズを買い、「定位置」とします。ただし、グッズを買う際は、必ずサイズを測ることが重要です。

先に説明したとおり、サイズを測らずに適当に買ってしまっては、グッズが無駄になったり、使いにくい収納になってしまったりします。グッズ選びのコツは第4章でも詳しく説明しますが、必ず、場所とものに合ったものを用意してください。

早くグッズを買いたいし、進めたいという思いから、仮置きを飛ばしてしまう人が多いのですが、無駄な買いものや手間、時間を減らすためにも必要な工程です。**仮置きを経ずに先にグッズを買ってしまうと、やっぱり使いにくく、やり直したときにグッズの買い直しが必要になってしまう**かもしれません。

また、仮置き中に使ってみて、もししっくりこなければ、そのままにせず、どこが使いにくかったのかを動線を意識しながら検証し、やり直しましょう。

見て見ぬふりは厳禁！　あとで、面倒になってしまいます。

# 46

# いちばんよく使うものにこそ、特等席を

グループピングするときだけでなく、**定位置を決めるときも、「今使っているもの」と「今は使っていないもの」を意識して配置する**と、使いやすい収納になります。

「今」の日常に不要なものは毎日取り出すこともありませんから、「使いやすい」場所にある必要はありません。オフシーズンの服や靴、替え芯などのストックアイテムといった「今は使っていないもの」としてグルーピングしたものは、手が届きにくい場所や取り出しにくい場所が「定位置」でも支障がありません。それに、使わないのに目の前に置いていたら、日常の生活動線のじゃまになってしまいます。

夏ならば、手の届きやすい場所には夏服を。秋になったら、その席は秋のものに譲ります。そうやって、**常に「今」を使いやすくする**ことは、「取り出しやすく、戻しやすい」収納環境をつくるうえで重要なポイントです。

さらに、**「今」使うものの中でも「よく使うもの」を特等席に置いてください**。

引き出しを少し開けただけで届く手前のエリアと、たくさん引き出さないと届かない奥のエリアならば、手前のほうが取り出すのも戻すのもラクです。何度も何度も出したり戻したりすると少しの差であっても、面倒やストレスになり、いつの間にか「定位置」を無視しがちです。そして、戻しやすい場所にばかり、どんどんものが溜まってしまいます。

基本的には使う回数だけ、戻す回数があります。毎日のことですから、積み重なれば、それだけ費やした時間にも差が出てきます。だから、頻繁に使うものは、できるだけラクに戻せるところを定位置にするよう意識しましょう。

# 47 知れば俄然レベルが上がる4つの収納テクニック

せっかくグルーピングをしても、同じ引き出しの中にいろいろなものをそのまま入れたら、あっという間に混ざってしまいます。定位置を決めてそこに収めても取り出しにくければ、すぐぐちゃぐちゃになり、また戻すことが面倒になってしまいます。

そうならないためには、**収納空間に「使いやすい仕組み」をつくる必要がある**のです。ここからは、そんな「仕組みづくり」の基本とコツを紹介していきます。

仕組みというとなんだか難しそうに感じるかもしれませんが、そんなことはありません。この仕組みづくりにおける、基本的なテクニックはたった4つです。

**「仕切る」「重ねる」「立てる」「掛ける（吊るす）」。**

**この4つのテクニックを覚え、収めるものや空間の特徴、使用頻度などに合わせて取り入れていくと、収納はグッと使いやすくなります。**また、限られた空間を有効に使えるようになるので、「引き出しや棚に収める場所が足りない」「入りきらない」という悩みも解決されていきます。

収納は、こういうテクニックを覚えると、おもしろいようにレベルが上がります。

あなたも、まずは現状の収納をチェックしてみてください。

引き出しの中に多種多様なものが、混ざっていませんか？

もちろん整理とグルーピングをしてからの作業になりますが、こんなお悩みは引き出しの中に「仕切り」をつくれば、ものが混ざることはなくなり解決します。

「引き出しの中で服が積み重なって、下のものが取り出せない」。それならば、積み重ねるのではなく、一つひとつを立てて並べると、全部の服がひと目で見えますし、取り出しやすくなります。このように、どれか、もしくはいくつかのテクニックを組み合わせていくと、今ある「使いにくい」が解決していきます。そして、この仕組みをつくるためには収納グッズも必要になってきます。詳しくは4章でお伝えしますが、きちんとサイズを測り、空間、ものに合った条件のグッズを必要に応じて用意しましょう。

次からは4つのテクニックのポイントをお伝えします。そして、それ以降のページでお伝えするコツも、この4つをベースに適宜プラスしていきましょう。

### ◆仕切る

広い空間に多種類のものを入れると、開閉のたびにものが移動して混ざってしまいます。すると小物は埋もれてしまい行方不明に。それを防ぐために、**「1種類1部屋」を基本にアイテムの小部屋をつくっていくのが「仕切る」です**。仕切りでものが埋もれなければ、何が入っているかも一目瞭然です。

「引き出しの中」はボックス型のケースを、食器棚など「上下の空間」を仕切る場合は台のようなものを使うと便利です。

## 仕切る

引き出しは
小部屋をつくるイメージ

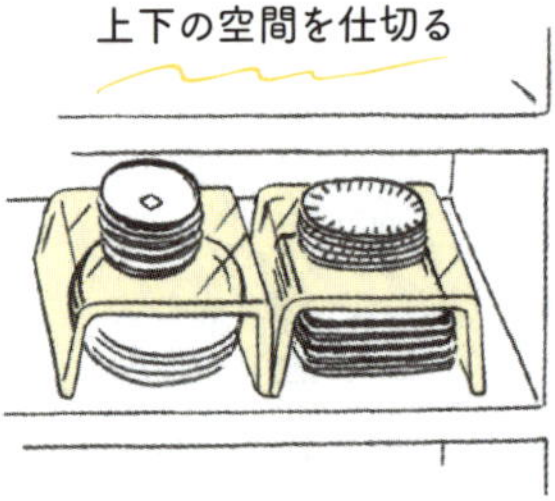
棚の中は
上下の空間を仕切る

もともと家具に仕切りや、トレーがついていることがありますが、それは外しましょう。なぜなら、その仕切りに対して、「入るもの」を選んでしまうから。空間に合わせるのではなく、ものに合わせて仕切ることが大事です。

### ◆重ねる

深さのある引き出しは、**同じボックス型のケースを「重ねる」と空間の高さを効率よく使うことができ**、収納スペースを増やすことができます。

しかし、もの同士を重ねて積み上げてしまうのはNGです。**必ずボックス**

## 重ねる

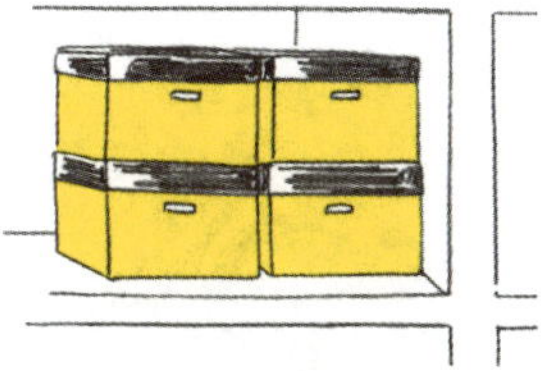

重ねれば空間の
高さがいかせる！

下段には
使用頻度が低いものを

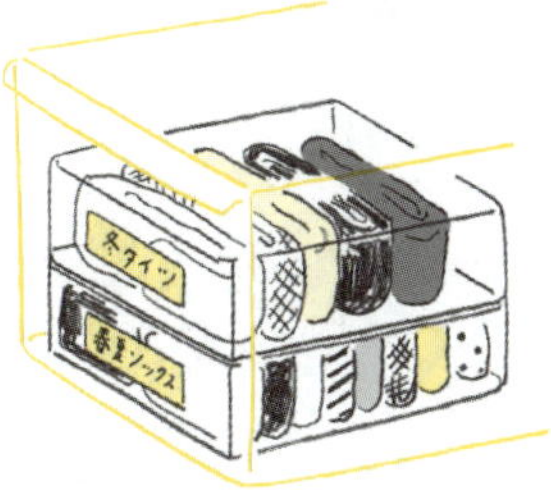


**を重ねます。高さを「仕切る」イメージです。**

そして、四角いケースであることはマストですが、なおかつ角が直角のケースを使うことが理想。そうしないと引き出しの角に無駄な隙間ができ、そこにほこりも溜まります。また、底がすぼまっているようなボックスでは重ねることができません（250ページ）。

よく使うものは上段に、**シーズンオフのものやストックなど使用頻度の低いものは、下段に入れましょう**。

## 立てる

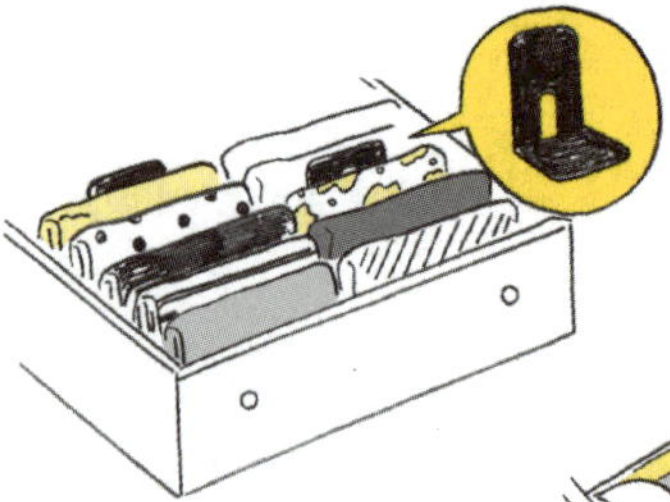
ブックエンドで
支えれば倒れない

立てれば、
取り出しやすい!

### ◆立てる

引き出しの中などに、ものを平積みして重ねていくと、下のものが見えなくなったり、取り出しにくくなったりしてしまいます。**ものは立てて並べると、すべてのものが取り出しやすくなりますし、引き出しを開けただけで、何が入っているかひと目でわかります。**また、立てると省スペースになって、寝かせるよりも空間に余裕が生まれます。

そして、自立しないものの場合は、支えるためのグッズを投入しましょう。収納ケースの中にある仕切りを支えにする、ブックエンドなどをストッパー代わりにする、ファイルボックスに立てるなど、ものの形、特徴に合わせてひと工夫を加えると機能的になります。

## 掛ける（吊るす）

扉裏を収納エリアに

吊るせば
絡まらない！


### ◆掛ける（吊るす）

壁や扉裏などにフックなどを使って引っ掛けられる仕様にするのが、「掛ける（吊るす）」です。ものを空中に浮かせることから、「空中収納」とも呼ばれています。**片手でさっと取れてさっと戻せるからタイムロスが少なく、小さい子どもでも使いや**

すいですし、棚の中の面積を消費せずに収納できることもメリット。

我が家では、掃除道具や朝忙しいときにさっと手にしたいメガネも洗面所にこの仕様で収納。ネックレスなど平置きすると絡まりやすいものも、吊るせば取り出しやすくなります。

また、洗面台や浴室にものを直置きすると底にぬめりが起こりがちですが、吊るして浮かせばその心配がないうえ、掃除もラクです。

# 48

## 動作の数は、ストレスの数です

扉や引き出しを開けただけで、パッと必要なものが取れると快適です。逆に、手前のものをどかさないと必要なものに手が届かなかったり、引き出しの中にまたふたがあって、何度もふたを開けなければならない。このように動作数が多くなってしまうと、取り出すのも戻すのもおっくうになってしまいます。

収納は、動作数が多いほど手間がかかります。**動作数は、ストレスの数。だから、極力、動作数を減らすことが、「使いやすさ」につながります。**

例えば、冷蔵庫などもそうですが、奥行きのある棚は奥に入れたものが取り出し

にくなりがちです。手前のものをよけていると、それだけで動作数が増えますよね。この場合は、**奥まで届く長いトレーなどを使うと便利**です。

トレー上にものを載せれば、それを手前に引き出す動作だけで奥のものに手が届く。引き出しのような仕組みをつくるというわけです。

また、**商品パッケージから出して収納することも、「動作数を減らすため」のひとつのコツ**です。

私は、絆創膏《ばんそうこう》や使い捨てコンタクト

レンズ、粉末スープなど個包装になっているものは商品パッケージから出して、引き出しに入れています。

乾電池も、フィルムをはがして1本1本バラバラにしてストック。収めるときはひと手間ですが、こうすれば使うたびにパッケージを開ける必要がなく、すぐ取り出せる。使うときの動作がひとつ減らせる、つまりひとつ使いやすくなるということです。

# 49

## 頑張りすぎた結末が、マトリョーシカ

収納のワザを覚えてくると、「収納グッズ」をいろいろ加えて、もっと仕組みの精度を上げよう！　という気持ちが湧いてきます。これは、収納の楽しさに目覚めた！　ということでもありますが、その気持ちがエスカレートしてくると、必要以上に仕切ったり、重ねたり、吊るしたり。さほど奥行きのない棚にまで、引き出せる仕組みをつくったり……。だんだん、あれもこれもと欲張りになってくるのです。

**これが、収納に楽しさを見出したときの落とし穴！**

ケースの中にまたケースを入れて。そんなふうにして仕切りや重なりを増やしていくと、まるでマトリョーシカのようになってしまいます。いつまでたっても、必

要なものにたどり着きません。必要なときにすぐ取り出せないし、動作の数、すなわちストレスの数ばかりが増えていってしまうのです。

また、ケースをいくつも重ねていくと、ケースとケースの間に隙間ができてしまい、そこがほこりの溜まり場になってしまいます。だから、掃除も大変。もちろん、収納環境を整えていくためには、グッズを効果的に加えていく必要があります。グッズを使うことで、仕組みの性能を格段に上げることもできます。しかし**必要以上に使えば逆効果**。

引き出しの中も、収納したものが見えない「すっきり美しい」印象にしたいからと、あれもこれもフタをして、いつの間にか、一つひとつのものがすべて箱に入ったような状態になっている人もいます。とにかく、ビシッと整列させることばかりにこだわっている人もいます。それらは、パッと見はすっきり美しく見えて心地がいいかもしれませんが、果たして取り出しやすいでしょうか。

**「すっきり」や「美しい」と、「使いやすい」は違います。収納で大事なのは、「使いやすさ」。すっきり見えても、使いにくければ意味がありません。**

# 50

# めいっぱい詰め込めば、ものも使い手も苦しい

引き出しや棚、ケースの中に隙間があると、「空間がもったいない」と思ってしまい何かを入れたくなってしまう。かつての私もそうでした。

しかし、どうでしょうか。ぎゅうぎゅうにものが詰め込まれた引き出しと、少し空間にゆとりがある引き出し、ものが取り出しやすいのはどちらでしょうか。

例えば、めいっぱい衣類が詰め込まれた引き出しから、1枚服を抜き出そうとすると、ほかの服も飛び散るようにバラバラになってしまいませんか？　押し込むように棚の端から端までぎっしり本が詰め込まれた本棚。1冊取ろうとしても、なか

なか抜き取れませんよね。一度出したら戻すのもイヤになって、戻さなくなってしまいます。

ここでお伝えしたい収納のルールは、**「ものを詰め込みすぎてはいけない」**ということです。**空間にめいっぱいではなく、8割程度が理想。**それ以上詰め込めば、手の入る隙間もなく必要なものをうまく取り出せません。ものとものに押しつぶされるようにして、間にあるものが見えなくなってしまうことも。すると、どこに何があるかもわからなくなり、ものの在庫を把握しにくいのです。

「いかにたくさん収めるか」が収納ではありません。「いかに使いやすく、戻しやすくするか」が収納の極意。だから、**隙間をなくしたい、入るだけ入れたいという気持ちはグッと抑え、8割程度にガマンしましょう。**

引き出しや棚の中だけでなく、押し入れや納戸などの広い収納空間も全体の2割は空にしていくことが理想です。我が家の場合ももちろん8割収納ですが、それを見たレッスン生のほとんどが、ガランと空いた空間に驚きます。

そして、「この空きには、何を入れるのですか?」という質問もよく受けるのですが、**何も入れません。何も入れなくていいのです!**

こういったガランと空いた空間ができると、「もったいない」「何か詰めなくちゃ!」と思って、ものを入れるためのケースをわざわざ調達してしまう人もいます。これは、余計な収納グッズと、ものを増やしてしまう危険信号。せっかく、いい空間ができたのに、そんな使い方をしてしまうほうが、もったいない!

**「空間」は絶対に必要です。埋めようとせず、空きのままを受け入れてください。**

それから、この空きはイザというときの、ものの避難場所だと思ってください。

お客様が来たときに、ここにパッとものを隠すことができます。また、一時的にどうしても家に置いておかなくてはいけないものを保管しておくこともできます。

こういった場所がないと、部屋の中に出しっぱなしにしてしまったり、ほかのものが入っているところに無理やり詰め込んでしまったりして、収納環境を乱してしまいます。

そして、**この空きがあったほうが掃除もラク**です。

しかし、2割の空間を残して収納環境を整えたのにもかかわらず、月日がたつと、やっぱりここに何かを入れてしまう人がいます。わかっていても、隙間を見つけると、何か入れたくなってしまう……。それは、リバウンドの要因です。

**収納はいつも8割。**

そのことを心に留めておきましょう。

ただし、円柱形のボトルを並べたことでできてしまった隙間など、ほこりを溜め込むような無駄な空き（251ページ）は不要です。

# 51

## 家族からの「あれ、どこ？」が減れば成功です

ここからは、エリアやジャンルごとに収納のポイントをお伝えします。

まずはリビングです。リビングがほかのエリアと大きく違うところは、家族と共有するということ。そのため、自分以外の家族が片づける場所をわかっていない、ものを戻さないというのが散らかる要因になっているケースが多いです。だから**自分だけでなく、家族全員が、スムーズに取り出したり戻したりできる収納環境にすること**が大事です。

そのためのポイントはまず、**収納場所を集中させること**です。

収納場所が部屋のあちこちに散っていると、使いたいものはどっちにあったっ

け？　と、混乱するし、複数のものを使ったとき、あっちへ行ったりこっちへ行ったりと戻すのが面倒になってしまいます。

集中収納はほかのエリアでも有効ですが、家族も使うリビングの場合は特に有効です。家族に「あれは、どこにあるの？」と問われ、「あれは、あっちの収納」「これは、こっち」と一つひとつ答えていては大変です。1か所ならば、すべて「そこ」で説明がつきますし、**そもそも1か所に集中していれば、聞かずに収納エリアへ手を伸ばしてくれるはず**。

さらに、**家族からの「どこ？」を減らすためには、ラベリングも必要です**。ラベリングとは、いわば表札。表札がなければ、一軒一軒のぞき込まないと、どこに配達していいかわかりません。つまり、引き出しを一つひとつ開けないと、ものの場所がわからない。それでは、自分も面倒ですし、家族はなおさらものを戻すことを習慣にしてくれません。

だから、収納環境を整える際、定位置を決めたら必ず中身を記載したラベルをよく見える場所に貼ってください。引き出しなら取っ手のあたりがいいと思います。

ちなみに私は、ラベルプリンター「テプラ」PRO MARKを愛用しています。ラベルプリンターを使わないといけないということはないし、手描きでもNGではありません。

しかし、**機械を使ったきれいな文字はすっきり見えて気持ちいい**ですから、片づけへのモチベーションも違ってきます。公共施設のラベルも基本は機械を使った文字ですが、読みやすいですよね。家の中でもマネをしてみると効果は絶大です。

# 52

## 文房具は、働き方で分けると使いやすい

文房具は「今は使わない」ストック類が生じやすいジャンルです。だから、まずは**頻繁に使う1軍とそれ以外の2軍でグルーピングしましょう**。

もちろん、必要以上に集まってしまったものは、整理の段階でお別れを。同じ色のボールペンが何本もあったり、定規が何本もあったり。使っていない、使う予定のないものはスペースと手間の無駄遣いです。

1軍は、書くもの（筆記具）、切るもの（ハサミ、カッター）、接着するもの（のり、テープ、ホッチキス）、消すもの（消しゴム、修正液）、測るもの（定規）など

**「ものの働き」で分けるとグループ化しやすく、実際使うときも効率的**です。

当然ながら、一度に何本ものペンを使うことはありませんから、**1軍に必要なのは1種類につき1個で十分**。スペースが余っていると、つい黒ボールペンを2〜3本置くなど、ものを増やしがちですがそれはご法度。

そして、**引き出しの中は、グループごとに「仕切り」（165ページ）、小部屋をつくりましょう**。こうすれば、混ざってしまうこともありませんし、取り出したいものがすぐ目につきます。

ホッチキスの針などのストックをはじめとした2軍は、普段はすぐに手が届くところにある必要はありませんから、例えばケースを「重ねて」（166ページ）下段に収めるのもおすすめです。

ちなみに、あちこち散らばりがちな小さいクリップは、中に小さい磁石をひとつ入れておくと、そこにくっついてくれるのでバラバラになりませんよ。

# 53

## キッチンは、「水」で始まるか「火」で始まるか

使い勝手のいいキッチンにするためには、グルーピングにコツがあります。それは、**調理のスタートが、「火まわり」からか、「水まわり」からかで分ける方法**です。

「火まわり」とは、ガスコンロやＩＨのこと。例えば、フライパンや炒め鍋などは取り出したら、まずコンロに置きますよね。ほかにも鍋のふた、揚げもの用のバットや網、お玉やフライ返しなどのツールも、火のまわりで使います。油類や塩、砂糖、しょうゆなど調味料類も基本は火のまわりで使うのではないでしょうか。

では、パスタ鍋など、茹でる、沸かすことを中心に使う鍋やケトルはどうでしょ

う。まず水を入れるステップから始まり、その後コンロに移動するというのが王道ルート。計量カップやざる、ボウル、おろし器なども、基本はまず「水まわり」で使い始めますよね。

**「火」、つまりガスコンロやIHまわりで使い始めるものは、コンロ下の引き出しなど「火」の近くへ。「水」から使い始めるものは、シンク下の引き出しなど「水」の近くに収納**しておけば、無駄な動きがなく必要なときに素早く取り出せます。

**収納環境を整えるうえで大事なのは、「動線」**です。「調理器具」というくくりでグルーピングすると、鍋もフライパンも同じところにしまいがちですが、**アイテムの種類で分ける概念を取り払い、「動線」を主軸に考えると使い勝手は向上します。**

私は、洗剤もそれぞれを使う場所に分散しています。皆さんは、「洗剤」というひとくくりで、キッチン用の洗剤を1か所にまとめていることが多いのではないでしょうか。

しかし、動線を考えれば、「使うエリア」に収納するほうが効率的です。

私の場合は、シンクまわりで使う塩素系漂白剤は「水まわり」アイテムとしてシンク下へ。コンロの汚れを落とすための、拭くウエットシートは「火まわり」アイテムとしてコンロの下に収納。こうすればすぐ取り出せて、使うときの動作数も減ります。

そうすると、**すぐ掃除することも、使ったあとすぐ戻すことも、自然と習慣化されていきます**。

# 54

# 働きものはいつも、ひざから胸の高さに

前項では、「横軸」をベースにした収納場所の使い分けでしたが、今度は「縦軸（高さ）」の使い分けです。

家の中でも、ものが多いキッチンには、棚や引き出しもたくさんあると思います。

**高さが違う収納エリアは、「使用頻度」をベースに使い分けるのがおすすめ**です。

まず、

- 上段……台やイスに乗らないと届かない高さ
- 中段……ひざより少し上の高さから、手を上げて届くあたりまで
- 下段……しゃがんで取り出す高さ

に、分けて考えていきます。

**人は、ひざから胸までの高さが手の届きやすい場所**です。ですから、毎日使う食器、包丁やまな板、フライパンや鍋、ほかにも頻繁に使うキッチンツールなどは、「ひざから胸までの高さ」にある引き出しや棚へ収納しておくと便利です。取り出すことも、戻すこともさっとできて、家事の時短になります。週1程度で使うものも、「中段」がいいでしょう。

台やイスを使わないと届かない上段の戸棚は、出すのも戻すのもひと苦労ですから、極力、使用頻度が低いものを収納しましょう。シーズンオフのものやお正月の重箱など「今」の日常で使わないものは、取り出しにくい上段が定位置でも困りません。ただし、それらは頻繁に活用する季節になったら中段に下ろします。かわりに使う季節が終わったものがあれば入れ替えましょう。

**常に「今使うもの」を使いやすい位置にすることが大事**です。ただ、重さがあって上段まで持ち上げるのが大変なものは、上段ではなく下段のほうがいいでしょう。下段には、重い鍋やホットプレート、オーブンの天板、カセットコンロと土鍋な

よく使うものは
取り出しやすい中段に！

ど重いものを。これらも、もし頻繁に使うようであれば中段でもいいですが、持ち上げるのが大変であれば、下段のほうがおすすめです。

「腰や胸の位置まで、持ち上げて戻す」「しゃがんで戻す」のどちらが苦でないか、体力にも個人差がありますから、そのふたつを天秤にかけてみて、自分が取り出しやすく、戻しやすいところを選んでください。

大事なのは、「使う人にとって、取り出しやすく、戻しやすいこと」です。人それぞれ「取り出しやすい」場所は、身長や体力によっても異なります。主に使う人が自分以外の場合ならば、その人にとっての使いやすさも意識しましょう。

さて、それほど頻繁に使わないものや土鍋などの季節のものを、もともとの商品の箱に入れて収納している人も多いと思います。箱に入っていると、使うときも戻すときも、「箱から出し入れする」という動作がひとつ増えてしまいます。その点も含め、「使わなくなってしまう」傾向があるのです。使わないのはもったいないですから、箱から出して収納し、「使いたい」という心理を働かせましょう。

# 55

## 服の積み重ねは、好きな服を隠してしまいます

クローゼット収納も、**大事なのは「今の日常に必要なもの」が使いやすくなっていること**です。衣類においては季節が大きく関わりますが、当然、夏ものと冬ものが混在していたら、使い勝手はよくありませんよね。

今の日常で使うものは、すぐ手が届くところへ。キッチンと同じく、クローゼットもひざから胸までの高さが手の届きやすい場所です。極力この範囲に使用頻度が高いものがあるといいでしょう。

今使わないものや冠婚葬祭のアイテムなどは、すぐ手が届かないところでも困り

ません。クローゼットのつくりにもよりますが、台やイスがないと届かない「上段」の棚に保管したり、タイツなどの小物であればボックスを「重ねて」（166ページ）引き出しの中を2段にし、下段にシーズンオフのものを入れたりしてもいいでしょう。

さて、クローゼットでやりがちなのが「服を積み重ねてしまう」こと。引き出しの中に平置きにして、重ねていませんか？

このしまい方は、「下の服が取り出しにくい」「ひとつ抜き取ると、ほかの服もバラバラになって散らばる」「どこに何が入っているかわからない」といったお悩みを招いてしまいます。必要な服が行方不明になると、探している間に散らかってしまったり、はたまた、たくさんあるのに「着る服がない」。そんな錯覚を起こして、買い足してしまったり……。ストレスが溜まるし、散らかるし。片づけがイヤになる要因です。

**おすすめは「立てる」収納（168ページ）です。**

**服をコンパクトにたたんで立てて並べれば、引き出しを開けただけでどこに何があるか一目瞭然。**引き出しに入っているものが、ひと目で把握できます。必要なものがすぐ見つかるので時短になるし、どの服も抜き取りやすいです。

ただし、ここでぎゅうぎゅうに詰め込んでしまうと、うまく抜き取れずほかの服までバラバラ散らばってしまうので、**8割収納が大事です**。

小さいハンカチ類、靴下やタイツなども積み重ねるのではなく、同じように立ててしまいましょう。

# 56

## メリットはデメリットにもなる

クローゼットは、**「掛ける（吊るす）」（169ページ）収納もうまく取り入れると、使い勝手が向上します**。

掛けることのメリットのひとつは、**「さっと取り出せて、さっと戻せる」**ことですから、頻繁に使う服はハンガーに掛けておくと効率的ですし、そうしている人は多いでしょう。ここで重要なのはハンガー選びです。

片づけられない人のほとんどが、「ハンガーなんて何でもいい」と、あり合わせを使い、使い勝手をガタ落ちさせています！

ハンガーのフックとネック部分。つまり、服に隠れていない肩より上の部分の長さがまちまちだと、ハンガーパイプに並べて掛けたとき、衣類の高さに差が出てしまいます。すると見た目が乱雑になり、スムーズな取り出しもできません。もちろん、戻しにくい！　まずは、この部分の長さをそろえることが必須です。ここがそろっていても素材や色がバラついているとすっきりしませんから、**「同じハンガー」に統一することが、いちばん効率的で、心地いい収納にするための近道**です。

最近は、特殊加工を施すことで衣類を滑り落ちないようにしたハンガーも人気です。ホールド力が高く優れた商品ですが、滑りにくいということは、取り出すときも服が「スルッ」と取れないということです。人によっては、その点にストレスを感じるかもしれません。こういった商品は、いくつもそろえる前にまずひとつ買って試してみることもおすすめです。

**商品の売り文句、あるいはクチコミだけに目を向けるのではなく、もう一歩先まで想像できると買いものの失敗もなくなっていきます。**

バッグもS字フックなどを活用して引っ掛ける仕様にしておくと、取り出しやすく戻しやすくて便利ですが、布製のものに限ります。革製のもの、合皮のものは素材が伸びて劣化してしまうので、引っ掛けはNG。

ネックレス類は、絡まって困った経験がある人も多いでしょう。小さい入れものに複数が重なるように平置きすると、絡まりがちです。フックなどを使って吊るしておくとその心配が少なく、快適に取ったり、戻したりできます。

# 57

## 洗面所や浴室のぬめりは吊るす収納で解決

洗面所や浴室は清潔感を大事にしたいエリアですが、汚れやすいエリアでもあります。だから、**「掃除のしやすさ」が大事**です。

洗面所でよくありがちなのが、洗面台の上にたくさんのものを並べてしまうこと。ここにものを置くと、そのまわりの水はけが悪くなり、汚れが溜まったり、ぬめりになってしまいます。

そんな洗面所で特に活躍するのが**「掛ける（吊るす）」収納**。

169ページでお伝えしたように、吊るして空中に浮かせれば、底に水が溜まら

フックや引っ掛けられるタイプのクリップを使えば、
タオルラックなどにも掛けられる

ずぬめりが防げます。また、掃除するとき、いちいちどかす手間もかかりません。それに、洗面所は狭い空間ながらも、こまごましたものが多いエリアですから、空中収納で省スペースにもなります。

さて、私が仕事で片づけにうかがって洗面所で見かける「不要なもの」の代表が、「以前使っていた整髪料」。以前パーマをかけていたときに使っていた専用ワックスなどを、「またかけるかもしれない」という理由で保管している人がよくいます。

しかし、こういったものは**保管期間中に容器の中で劣化**してしまい、使おうとしたときには使いものにならず、ということがほとんどです。未来のための収納にメリットはありません。それに、清潔にしたい洗面所なのに、置いてあるだけでほこりの溜まり場をつくってしまいます。

また、扉タイプの洗面台の場合、配管があるだけでなく奥行きがあり、非常に使いづらく感じている人も多いですよね。そんな場合は、15㎝幅のファイルボックスの中にシャンプーなどのストックを入れ、引き出しのようにすれば、空間をうまく活用できます。

58

# 「押し入れ用ケース」がもたらす押し入れ収納の失敗

例えば、奥行きが90㎝の押し入れに衣装ケースを入れたいとき、あなたは、奥行き何㎝のケースを購入しますか？

奥行きを最大限に使えるようにと、90㎝に限りなく近いケースを買うのではないでしょうか。しかし、その奥行きをめいっぱい使うためには、引き出しを同じ長さ分、部屋の中に引き出すことになります。

途中まで引き出したところで、ベッドなどの家具にぶつかってしまい、わざわざ家具の位置を変えた。全開にできないので、奥のものを取るときは腕をぐいぐい突っ込んでやっと取り出している。家具と引き出しの間に自分の立つスペースがな

短いケースを使って、
空間を奥と手前で分ける！

奥行きがある引き出しは、
家具にぶつかりがち

く、ぎこちない体勢でものを出し入れしている。そんな経験はないでしょうか？
家具にぶつからなくとも、**奥行きのある引き出しの「奥」は使いにくい**のです。たくさん引き出さないと奥のものを取り出すことができません。

では、どうすればいいか。こういった**奥行きがある押し入れには、長いケースではなく短いケースを使うことがおすすめ**です。例えば、奥行き90㎝程度の押し入れならば、50㎝程度の長さの衣装ケースを設置します。すると奥に空間が空きますが、そこには、例えば、扇風機やクリスマスツリーなど年に1～2度しか出し入れしないものを、また別の収納ケースなどに入れてしまってください。

**奥行き空間を、「手前」と「奥」で分割して使うイメージ**です。

短いケースなら、少し引き出しただけで中身が全部見渡せますし、家具にぶつかることもありません。奥の空間にしまったものは、当然取り出しにくいですが、日常的に使うものではありませんから困りません。そのかわり、引き出しが使いやすくなって、「今」の日常が格段に快適になります。

押し入れに使うものとなると、「押し入れ用ケース」と名前のついたものを探す人も多いのではないでしょうか。「押し入れ用」と名のつくケースは、奥行き70㎝前後のものが主流ですから、たどり着くのは、だいたいその長さの収納ケース。すると、前述のような失敗につながってしまいます。

だから、**押し入れに「押し入れ用ケース」(70㎝前後)はおすすめしません！**

一般的に「クローゼット用」として売られているものは、奥行き50㎝前後のものが多いので、奥行き90㎝程度の押し入れには、このタイプのほうがおすすめです。

とはいえ、一概に「クローゼット用」と書かれたものならOKというわけではありません。**自宅の押し入れのサイズ、収納ケースのサイズをきちんと確認して、住環境に合うものを選んでください。**

また**引き出しの深さは、18～23㎝がベスト**です。奥行きと同じく、「大容量」のほうがいいと思い、深さのあるものに手を出しがちですが、深すぎるものは衣類を立てて並べたとき上部に無駄な空間ができてしまいます。すると、そこにものを重ねるように置いてしまい、引き出しの中を乱す要因になってしまいます。

# 59

## 玄関にものを置くことと、命、どちらを優先しますか？

玄関は、家の顔ですから、特にいつもきれいにしておきたいエリアです。靴がたくさん三和土《たたき》に出ていては掃除もうまくできませんし、砂やほこりが溜まっていくばかりです。靴は出しっぱなしにせず、靴箱に戻すことを習慣にしましょう。

玄関に収納するものの代表は、「靴」です。靴は衣類と同じように、使う「シーズン」がありますから、やはり「今」の日常で使う靴、つまり、**シーズンがオンの靴をいちばん出し入れしやすい場所に置く**ことがポイント。

さて、靴がたくさんあって靴箱に入りきらないというお悩みをよくいただきます。

もちろん、「履かない靴は持たない」が必須条件ですが、家族全員の靴が集まるわけですから、それなりに数が多くなりますよね。私の場合は、オフシーズンの靴は通気性のいい収納ボックスに入れてクローゼットの上段にしまっています。そうすると、玄関の靴箱はオンシーズンの靴が見やすく、取り出しやすく、収めやすくなります。すると、家族も面倒がらず戻してくれるようになります。

**オフシーズンのものであれば、玄関の靴箱になくても支障がないので、「靴は靴箱」に縛られず、ほかの空いている空間に収めることもひとつの手**です。

そして、あなたの家の玄関は、物置き化していませんか？

ネットショッピングで届いた荷物がそのまま置かれていたり、中身を出した空の段ボールが山積みになっていたり……。ほかにも、ゴルフ道具、子どものおもちゃ、自転車も玄関先でよく見かけます。

**玄関にものを置くことは、今すぐやめましょう。命に関わります。**どういうことかというと、万が一、救急の事態が起きたとき、玄関にものが置いてあっては、ストレッチャーがスムーズに入れません。もし災害が起こったとき、すぐに家から脱出できなくなってしまいます。一刻を争う事態に、通り道をじゃましてしまうからです。

家族が「どうしても、玄関に置きたい」と言うかもしれません。でも、そのお願いはのまずに、理由を話して「ダメです」と説得を！

# 60

# 収納場所を間違えば、備えあっても憂いあり

「『今』必要なものだけ」を持つことが整理の原則ですが、それに反して、「いつか」のために持つのが防災備蓄です。皆さんも、備えていますか?

ここで私がお伝えしたいのは、「備え方」です。

片づけにうかがうと、収納に困るほどの備品を買い込んでいる人がいます。そして、玄関やベランダに保管……いや、放置している人も少なくありません。207ページでもお伝えしたように、玄関にものを置くことは、命に関わります。

最低限必要な防災用品をひとまとめにした「非常用持ち出し袋」は、さっと持ち出せるように、玄関に備えるのがいいとも言われていますが、ライフラインの復旧

までをつなぐ食料や水、熱源などは「じゃまにならない」場所に保管しましょう(可能であれば備え付けの収納内)。備蓄したものが道を塞《ふさ》ぎ、非常時に逃げられない。つまずいてしまう……。それでは、安全安心のために備えたのに本末転倒です。**ベストな保管場所は家のつくりなどによっても異なりますが、絶対条件は「普段の生活のじゃま」をしないこと。**加えて、品質が保持できる場所であることも大事。未開封の水や食品であっても、直射日光の当たるベランダでは、劣化してしまうし、衛生的にもよくありません。収納場所に困るという方は、ベッドの下などでもいいでしょう。無駄にしない持ち方は222ページも参考にしてください。

さて、暮らしにおいて大事なのは「今」と、お伝えしてきました。だから、**備蓄はもちろん重要ですが、いちばん大事なのは「今の暮らし」。備蓄に今の暮らしが圧迫されたり、快適でないものになってしまったりしたら、元も子もない**のです。

また、先述のように防災は「今、必要なもの」ではありません。しかし、備えておかなければ、「今の自分」が不安に苛《さいな》まれますよね。「いつか」のためですが、「今の自分」が不安なく快適に暮らすためにこそ、備蓄は必要なのです！

# 61

# ほとんどの書類は捨ててもいい

「溜め込んで困っている」「捨てることができない」というお悩みで多いのが紙類です。そして、処分することに不安を覚えてしまうことが多いのも、紙類。

皆さん、**紙を捨てることを怖がらないでください**。

本当に必要な「紙」は意外と少ないものです。今、あなたが溜め込んでいる紙のほとんどは、なくても困らないもの。もし、あとで必要となっても、だいたいどうにかなります。

どうにかなるというのは、例えば何かの商品情報ならインターネットでほぼ見られますし、公的書類もほぼ再発行してくれます。「残したほうがいい」一般的な家庭の書類は、次項に収納ポイントとともにまとめました。参考にして書類整理と収納をしてみましょう。

さらに、こんな紙類も溜め込んでいませんか？

期限切れのダイレクトメールやスーパー、飲食店の割引券。現物がないものの取扱説明書、過去の預金通帳、行かないお店のポイントカードや行かない病院の診察券……。これらは所持していても使わないし、得もありません。処分して何も困りません。

また、自治体の広報誌、年賀状なども手放すタイミングがわからず溜め込んでしまう紙類ではないでしょうか。私の場合、WEBでも見ることができる広報誌は一読したら即処分と決めています。紙で残したい方は1か月を目安にしましょう。

年賀状は、お年玉くじの抽選が終わるとスキャンして処分。**残す場合は、「ここまで（目安は3年）」という保管期間を設定しておくことが大事です。**そうしないと、溜まる一方ですから。

132ページでもお伝えしましたが、私はスキャナーで読み取り、できるだけ紙類もデジタル化。クラウドサービス（インターネット上のサーバーに保管できるサービス）を利用して管理しています。残したほうがいいか悩ましく、すぐ処分できない書類もデジタルでの保管なら場所を取りませんから、ぜひ、スキャナーを活用してみてください。

ただし、デジタルでも溜め放題ではありません。クラウドサービスによっては、容量制限や一定量を超えると容量の追加購入が必要な場合もあります。だから、不要なことがわかった書類はデジタルデータでも溜め込まず処分を！

# 62

## 書類の山は手ごわい。積もる前に捨てるか、分けるか

書類収納のポイントは**ファイルボックスなどを使いグルーピングしていくこと**です。家庭環境や家族構成によって違いはありますが、一般的な家庭の「残したほうがいい書類」を216〜217ページにまとめました。そして、同ページの1〜6を基本にグルーピングし、それぞれに該当する書類を振り分けていきましょう。**6つに分類したら、さらにその中を種類ごとに「ファイリング」していきます。**

「1．月の明細」なら、「公共料金の明細」でひとつファイリング、「クレジットの明細」でひとつのファイルに（明細をWEBやアプリで管理している場合、1は不要）。「3．学校のもの」は、お子さんが複数人なら、それぞれ「人ごと」でファイ

ルを用意してください。5も、種類ごとにファイリングしたうえで、さらに人ごとに管理しておくとわかりやすくなります。また、公的書類とは別に、今使っている製品の取扱説明書や契約書も必要な書類。これらは、218～219ページのように、カテゴリーごとにファイリングしておけば、修理や買い替えのときに便利です。

ただ、見返すことは少ないとわかっている取扱説明書は、スキャンする、もしくはWEBサイトから取扱説明書をダウンロードし、紙ではなくデータで持つのがいいでしょう。私は、電卓や目覚まし時計などの取扱説明書はデータで所持し、スマホアプリ「トリセツ」を使って管理をしています。オンライン上で一括管理ができるので、便利です。

**書類を分けるファイルボックスや、同じボックス内で使うファイルは種類を統一しましょう。**そして、一つひとつのボックス、ファイルには必ずラベリングをしてください。中身が何なのかをひと目でわかるようにしておかないと、書類整理は絶対続きません。**書類は、どんどん溜まってくるものです。不要なものはすぐ処分し、必要な書類は、すぐにファイルボックス内に仕分けするくせをつけましょう。**

## 4. 医療

- ✔ 保険証
- ✔ 診察券
- ✔ 医療費領収証
- ✔ 母子手帳
- ✔ お薬手帳(アプリでも可能)

**おすすめファイル** キングジム スキットマン 家庭の医療ポーチセット

## 5. 保険・年金・確定申告・銀行(人ごとに管理する)

- ✔ 年金関連(手帳・定期便)
- ✔ 保険証書(医療保険、生命保険、学資保険)
- ✔ 確定申告書控え(住宅、医療など)
- ✔ 銀行関連(口座開設時のログインパスワード、口座番号記載の用紙)
- ✔ 株式投資(銘柄ごと ※理想はWEB管理)
- ✔ 人間ドック・健康診断書(※見る頻度が低いため4ではなくここに保管)

**おすすめファイル** リヒトラブ 立体見出し付き クリヤーホルダー 5枚入パック

## 6. 住宅関連

- ✔ 登記識別情報
- ✔ 火災保険証明書
- ✔ 地震保険証書
- ✔ 住宅ローン関係
- ✔ 賃貸契約書類

※重要書類は、セキュリティを考えた場所に保管
※使用するのは転居時のみなので、手の届きにくい場所での保管も可能
※ファイルボックスにまとめて入れておく

## 書類は6つにグルーピングする

### 1. 月の明細 ※WEBやアプリで管理している場合、不要

- ✓ 公共料金（電気・ガス・水道、TV受信料）
- ✓ クレジットカードの明細
- ✓ 給与明細 ※それぞれオンライン化した場合はなし。ない場合でも、スペースは空けておく

おすすめファイル セキセイ アクティフ 12インデックスフォルダー A4

### 2. 年の明細・証明

- ✓ 固定資産税の通知書
- ✓ 市民税、県民税などの通知書
- ✓ 源泉徴収票
- ✓ 自動車税納税通知書、車検見積書
- ✓ 保険料控除証明書
- ✓ ローン残高証明書

おすすめファイル セキセイ アクティフ 6インデックスフォルダー A4

→ 1・2は同じファイルボックスに入れて管理する

※空いたスペースに検討中の商品のパンフレットや、未処理の書類などイレギュラーな書類を入れる

### 3. 学校（人ごとに管理する）

- ✓ 学校からの手紙（月ごとに管理）
- ✓ 成績表
- ✓ お稽古、塾関連の手紙

※それぞれスキャナーを活用してデータ化した場合はなし

おすすめファイル セキセイ アクティフ 12インデックスフォルダー A4

## パソコン関連

- ✔パソコン、マウス、モデム、無線LAN、外付けHDD、USBメモリなどの取扱説明書
- ✔プロバイダー契約書

※書類が少ない場合は、プリンター関連と同じファイルボックスでもOK

**おすすめファイル** リヒトラブ 立体見出し付き クリヤーホルダー 5枚入パック

## 住宅設備

ガスコンロ、洗面台、風呂、キッチン、ウォシュレット、インターホンなどの取扱説明書

※設備の品番、型番は本体に記載されているが、転居時に必要なのでまとめておくとよい
※ファイルボックスにまとめて入れておく

## 季節家電・キッチン家電・家具

- ✔季節家電
  扇風機、エアコン、暖房機器、加湿器などの取扱説明書
- ✔キッチン家電
  炊飯器、ホットプレート、冷蔵庫、トースター、コーヒーメーカー、フードプロセッサーなどの取扱説明書
- ✔家具
  ダイニングテーブル、ベッド、食器棚、学習机などの取扱説明書

※転居の可能性がある場合は、組み立て家具の説明書は残しておく

**おすすめファイル** リヒトラブ 立体見出し付き クリヤーホルダー 5枚入パック

パソコン、デジタルカメラ、ゲーム機は買い替え時、下取りに出すこともあるので取扱説明書は残しておくとよいでしょう。

# 取扱説明書などのグルーピング

## 一般家電

デジタルカメラ、固定電話、照明器具、掃除機、洗濯機、除湿機、アイロン、ドライヤー、ゲーム機などの取扱説明書

**おすすめファイル** セキセイ アクティフ 12インデックスフォルダー A4

## AV機器

- ✔ テレビ、DVDプレーヤー、ブルーレイレコーダー、オーディオ機器、携帯音楽プレーヤー
- ✔ 携帯電話の契約書

※ファイルボックスにまとめて入れておく

## プリンター関連

- ✔ プリンターの取扱説明書
- ✔ インク、写真用紙、ハガキ用紙のストック、CD-Rトレイなど

※ファイルボックスにまとめて入れておく

**おすすめファイル** リヒトラブ 立体見出し付き クリヤーホルダー 5枚入パック

「保証書」はその製品の取扱説明書の最後のページにマスキングテープで留めておきましょう。最後のページには、カスタマーセンターの連絡先が記載されているので、近くに貼っておくとわかりやすいです。

# 63

## 撮りっぱなしは、無駄遣いのもと

スマートフォンの中の画像データもまた、お悩みを生むもの。「止めどなく増える写真に、困っている」という嘆きは、私の元にもよく届きます。

実は、この類いの悩みは、「容量が大きすぎる」からこそ起こる場合もあります。iCloudをはじめとした、クラウドサービスを利用している人は多いですよね。クラウドサービスは、ネット上のレンタル倉庫のようなもの。端末だけでは保管しきれない画像を預かってくれる、便利なサービスです。

無料のものもありますが、多くの場合は課金をすれば容量を増やせます。私は月額130円程度のサービスを利用していますが、必要な容量は人それぞれです。

問題なのは、「不要な写真」に容量を費やしているパターン。大容量を契約し、容量があるがゆえに「要・不要」にかかわらず、どんどん溜め込んでしまう……。こういった人からよく聞くのが、「こんなに、課金したくない」という嘆き。

結論を言えば、**「不要な写真」を消去すれば、容量は多くはいりません**。料金も抑えることができるのです。

無駄遣いをしないためには、撮りっぱなしではなく、不要なものを手放すことが必要です。まず消去すべきは、ブレ、ピンボケなど、いわゆる失敗写真。また、ほぼ違いのない集合写真などを何枚も保存していることはありませんか。その場合は、「自分がきれい」に映っているものを優先に、厳選。いつまでも残る写真ですから、自分がきれいなほうが、見返したときも気分がいいです。

**写真を整理する際は、最近のものから手をつけ、さかのぼるのがおすすめ**です。記憶に新しい写真であれば、すぐに判断ができますが、古い写真ほど、「何の写真だろう」となりがち。懐かしむ気持ちと、すぐに解決できない疑問に引っかかって、作業が進まないからです。進まなければ、やる気も失せてしまいますよね。

Column 3

# ローリングストックで防災備蓄を無駄にしない

209ページでも防災備蓄に触れましたが、備蓄でありがちなのが、食品の賞味切れです。出番がなかったのは幸いですが、賞味期限切れで処分するのは、もったいない！　そうならないために実践したいのが「ローリングストック」という備蓄方法です。

これは、普段食べている食品を少し多めに買って、消費しながら一定数を備蓄する方法。「備蓄」→「食べる」→「買い足す」の循環で備蓄品が入れ替わっていくので、必要以上にものが増えず、期限切れの心配もありません。厚生労働省では、食品は「7日分×人数分」の備蓄を推奨していますが、地域や環境によっても状況は違うので、その点も見据えながら用意をしましょう。

電気・ガスの不通に備えたカセットコンロとカセットボンベもあると便利ですが、消耗品であるカセットボンベは食品同様、少し多めに購入してローリングストックをしながら備蓄するのがおすすめです。

Chapter

4

# 収納グッズの選び方

おしゃれでも、かわいくても、
使いやすくなければ
意味がありません。
本当に使える収納グッズの
選び方、教えます！

# 64
## 片づけ下手がもっとも収納しているものとは？

片づけができない人が、いちばん〝無駄に〟収納スペースを費やしているのは、何だと思いますか？

それは、ズバリ「収納グッズ」です。私たちが片づけにうかがうと、あちこちから出てくるのです、使っていない収納グッズが。そして、**「収納グッズの収納に手を焼く」という、なんとも本末転倒なこと**が起こっているのです。

なぜ、そんな無駄なことを！

でも、「何かに使えそうだから、買っておこう」「かわいいから、とりあえず欲しい」。こんなふうに使うあてもなく、買ってしまうことがくせになっていませんか？

・何も入れずに並んでいる、カフェ風のガラスボトルや調味料入れ
・冷蔵庫にたくさん貼りつけてあるマグネットつきケース
・冷蔵庫の上でほこりをかぶったかごやボックス
・大量に買い込んだジッパーつきプラスチック袋
・使っていない折りたたみ式の衣装ラックやハンガー
・買ったけど、置く場所に困っているワゴンやラック

148ページでもお伝えしたとおり、収納ケースは「どこにどう置くかが決まったもの」のために用意し、「入れるもの」に適した、色、形、素材のケースを探します。「このケース、何を入れようかな」「何か入れたいな」というように、**収納ケースが「先」ではありません。だから、購入するグッズは「使うこと」が大前提。**

「いつか使うかも」の、〝いつか〟はきません。**「いつか使うかも」で買ったものが、あなたを苦しめている**というのは、収納グッズにおいても同じです。

# 65

## 人気ブランドだって、すべては解決できない

「あのブランドのものなら、何を買っても失敗しない！」。そんな思い込み、していませんか？「このブランドなら」と、新商品が登場すればすぐ飛びついてしまう。売れている！と聞けば迷わず手に入れる。収納が好きな人も、やりがちです。

雑誌の特集などでも、よくありますね。

「あの人気ブランドで、すべて解決！」といった、「ブランド主義」をあおるタイトルや特集。それに触発されてしまう気持ちもわかります。

もちろん、人気ブランド、人気グッズの中には良質な商品がたくさんあります。

でも、ヒット商品やロングセラー商品だからといって、どこの家にでも必ずハマる

とは限りません。一軒一軒、住宅のつくりも暮らす人の動線も、また、暮らしや趣味嗜好によって所持している「もの」も違います。だから、**メディアで取り上げられたグッズが、すべての家の収納の問題を必ず解決してくれるとは限らない**のです。

収納グッズを買うときは、「このブランドにあるものを」とブランドで縛る探し方はおすすめしません。こういった探し方は、「このブランドならばいいか」と、ブランド以外のところで妥協して、目的と合っていないものを購入しがちです。**いくら好きなブランドのものでも、条件が合っていなければ使いにくい収納環境になってしまう**のです。

それから、海外ブランドのものはデザインがかわいいことなども後押しして人気がありますが、実は「日本の住宅」とサイズ感が合わない商品も多いのです。**日本のブランドは日本の家具、日本人の暮らしを考えてつくられていることが多い**ので、相性のいいものが見つかりやすいです。ちなみに私はグッズを探すとき、ホームセンターへよく行きます。多種ブランド、多種商品がそろっているので比較しやすく、求めているサイズや条件に合うものに出合いやすいからです。

# 66

## 買ってはいけない、「便利そう」グッズ

「あのブランドなら大丈夫」といったブランド妄信による失敗以外に、テレビやネット、インスタグラムなどのＳＮＳで紹介されたものを衝動的に買っての失敗談も、よく耳にします。ネットショッピングが当たり前になった昨今ですから、紹介された商品を見て、瞬時に購入してしまった経験、皆さんもあるのではないでしょうか。

テレビで「これは便利です！」と言っていても、それはその人、その場所でのこと。実際に皆さんが家で使ったときにも「便利」「役立つ」とは限りません。**「いい機能だけど、自分や自分の住環境では使いこなせない」**という場合も多くあります。

だから、必ず現物を見て手に取り、自分にとっても便利なのかどうかを確かめて

から購入してほしいのです。**「便利そう」に見えるものが「便利」とは限りません。**「便利そうに見えて、実際は便利ではない」というグッズは、私もこれまでたくさん見てきました。

例えば、メッシュ素材のかごは中身が見えるし通気性がよく便利そうですが、実際はほこりがすぐ入ってしまい、中に入れたものをほこりまみれにしてしまいます。引っ掛けるバーが縦に3～4本並んだパンツ用ハンガー。服1枚分のスペースにいくつものパンツを収納できるアイデア商品ですが、実際使ってみると、掛けた服同士が重なり取り出しにくく、ストレスに。

**テレビでもネットショップでも、基本は、デメリットを紹介しません**し、おしゃれに、素敵に見えるように撮影しています。こういった情報を参考にすることはいいのですが、「テレビで紹介されたから」「人気のインスタグラマーが推していたから」「ネットショップでおしゃれに見えたから」などを「決め手」にすると失敗します。**重さや感触も実際に手にしてみないとわかりません**から、少なくとも自分自身の目で、手で、現物を確かめてから購入しましょう。

# 67

## 「あったら便利」は、なくてもいい

テレビやSNSだけでなく、リアルショップで見て、つい「便利そう」と思い、衝動買いをしてしまう。そういった経験がある人も多いのではないでしょうか。

「入れるもの」が決まっていて、そのためにグッズを買うことがルールですから、**使い道が決まっていないケースや収納グッズを買うことは、なし！**です。

しかし、特に100円ショップなどは、たくさん品物があるうえに、新しい商品も頻繁に登場します。さらに〝安さ〟という魅力に負けて、「100円だし……」「何かに使えそうだし……」と、つい衝動買いをしてしまいがちです。手ごろな価格でも、何度も繰り返していれば出費はかさんでいきますし、買っても使わなければば、不要なものを増やし、片づけをじゃまする要因になります。

もし、衝動買いをしそうになったときは、レジに持って行く前にひと呼吸して、次の3つのステップを考えてください。

まず、**「どこで使うのか」**。キッチン？　洗面所？　リビング？　そのグッズを使う場所がありますか？　必要としているところがありますか？

次に、**「どうやって使うか」**。何を収納しますか？　これを取り入れて、使い勝手がよくなりますか？　暮らしがラクになったり、便利になったりしますか？

そして、**「手入れは、どうか」**。プラスチック製なら汚れのふき取りは簡単かもしれませんが、例えばメッシュやかごは、ほこりが網目に入り込むので、拭いただけでは取れません。そのほこりを払うためのお掃除ブラシはあるか。布製ならば、汚れがついたらどうするか。丸洗いができるか。洗うことが面倒ではないか、など。

**自分の暮らし、使っているシチュエーションを先の先まで想像してみて、本当に**

## 必要かどうかをもう一度、考えてからレジに行きましょう。

120ページで、「〝あったら便利〟は、なくてもいいもの」であることをお伝えしましたが、これは収納グッズにおいても言えること。

「あったら、便利そうだな」で買おうとしていませんか？

# 68

## 類似品の罠にご注意を！

「あの商品に似ているから」という理由で買ってしまい失敗した、という人にもよくお会いします。

例えば、私が長年愛用しているスパイスボトルとうりふたつの商品が安く売られていたそうで、「そっくりな商品が安く売っていたので、購入しました！」と、連絡をくれた方がいます。ところがその数か月後、「すぐ中身が湿気《しけ》ってしまい、全然ダメでした」というお知らせがきました。

安価という1点のメリットにつられ、「安いしこっちでもいいか」「そっくりだから、問題ないだろう」と類似品を買ってしまうと、すぐ使えなくなって買い直すことに。それを繰り返せば、結果費用がかさんでしまいます。だから**少々高価でも長く使い続けられるもののほうが、ずっとコスパがいい**と思うのです。

はたまた、「もったいないから」と手放すことをためらって、使いにくいのに使い続ける。そんな人も、いるのではないでしょうか。そうなると、使いにくくてイライラしたり、中に入れたものを劣化させてしまったり……。**メリットは安いという1点なのに、デメリットはその後、いくつも増え続けてしまいます。**

近ごろは人気商品に似せた商品をよく見かけますが、そういった商品を使った人から聞くのは、「結局すぐ買い直した」「本家に劣る」。そんな声ばかり。すべてがNGとは言えませんが、やはり類似品にメリットは少ないように思います。

また、いつも使っているグッズを買い足そうとして売りきれていたときも、「これでいいや」と、つい間に合わせに似た品を買いがちです。**売りきれのときは、他店舗から取り寄せてくれることも多い**ので、ぜひお店の方にたずねてみてください。そこにひと手間を感じる人もいるかもしれませんが、のちの使いにくさや買い替えを考えれば、その一時の手間のほうが小さな手間です。

# 69

## 廃材を使うことにメリットはありません

「収納ケースに、お金をかけたくないです」という声も、たくさん届きます。予算があれば、その中でのやりくりが当然必要です。しかしながら、安易に「安くすませたい」という理由で必要なグッズを用意しない、あり合わせで間に合わせてしまう。そうやってつくった収納環境では「使いやすさ」は実現しません。

「使いにくくてもいいから、お金をかけたくない」ということであれば、コストを優先に考えてもいいと思います。しかし、**「片づけがラクになる収納環境」にしたいという気持ちが大きいならば、投資も必要**です。

ありがちなのはクッキー缶や紅茶の缶、お菓子の箱や空きびんなどを収納ケース代わりにしてしまうこと。形も、幅や色もまちまちの缶や空き箱を組み合わせた収納は、見た目もすっきりしませんし、当然、ものの収まりもよくありません。

紙袋やティッシュの空き箱、切った牛乳パックなどで、引き出しの中のものを仕分けしている人もよくいます。これらは、長く使い続けることを想定した素材ではありませんからすぐ劣化してしまいます。また、ボロボロになった紙などが中に入れたものについて、取り除く手間までつくってしまいかねません。それに、引き出しを開けたときに廃材の仕切りが並んでいては、気分も下がってしまいますよね。

**優秀な収納グッズは、「収納をするため」につくられたもの**です。ですから、一般的な家具のサイズなども踏まえ、引き出しや棚に収まりやすいように考えられています。それに対してお菓子の缶も箱も、当然、その後、収納に使うことは想定されていません。だから一時的にものが収まったとしても、使うごとに乱れ、必ずリバウンドしてしまうのです。

必要以上に高価なものを買う必要はありませんが、**「収めるもの」に合わせた収納グッズを用意することは、片づく環境をつくるうえでは不可欠**です。

# 70

## サイズ別でケースを探すと仕組みはラクにできる

収納グッズを購入する前に、使う空間のサイズをメジャーを使ってきちんと測ることは必須です。収納ケースは、収める空間を1㎜でもオーバーしたら入りませんから、やみくもに購入すれば、無駄な買いものになってしまいます。

**引き出しも棚も必ず内側（内寸）を測ってください。**

特に注意したいのが、横にスライドする引き戸ではなく、手前に引く折戸や開き戸の戸棚やクローゼット。こういった戸がついた空間の場合、収納ケースを横壁にぴたりとつけると、引き出しが扉のたまり部分（扉を開けたときにできる、扉の厚みのところ）に引っかかってしまいます。その点も踏まえて内寸を測る必要があります。扉のタイプによっては、蝶番《ちょうつがい》（本体と戸をつなぐ金具）がさらに内側に出っ張っていることもあるので、そこもチェックしてください。

引き出しや戸棚内で使う収納ケースは、内寸に合わせて選んでいきますが、例えば、内寸〈横幅34×奥行32×高さ7・5㎝〉の引き出しに文房具を収めるとします。まず、引き出しは手前に使用頻度が高いもの、奥は使用頻度が低めのものを収納するように考えましょう。そして、手前側の横幅を均等に3分割したいという場合なら、「横幅34÷3＝11・3」なので、11・3㎝以内でそれに近いサイズのボックスを3つ選んで並べると、空間を極力無駄なく使えます。

次に、この幅11・3㎝以内のケースを探すわけですが、**それに該当する商品をあらかじめ、ある程度知っておくと収納環境をつくるのがラクになります**。そこで、私が愛用しているケースを、292ページから「サイズ別」にいくつかピックアップしたので、ぜひ参考にしてください。

302ページからの表を基にすると、例えば「幅11・3㎝以内／引き出しに入れて使う／文房具をしまう」ならば、無印良品の「ポリプロピレンデスク内整理トレー2（横幅10×奥行20×高さ4㎝）」がちょうどいいです。横幅10㎝なので、横幅34㎝の空間に比較的収まりよく3つ並べることができます。

均等ではなく、サイズが違うケースを組み合わせることもできます。

例えば、「ペン3本」「ハサミ＋カッター」「定規」と、少し横幅を広めにして「スティックのり＋ホッチキス＋テープ」のエリアを手前につくりたいとすれば、

・「ポリプロピレンデスク内整理トレー3（横幅6・7×奥行20×高さ4㎝）」×3個
・「ポリプロピレンデスク内整理トレー4（横幅13・4×奥行20×高さ4㎝）」×1個

この4つの横幅を足すと33・5㎝になるので、ちょうどよく収まります。

引き出しの奥に余っている空間も、同じように入れるものによって分け方を考え、どのケースに入れるといいか選んでいきます。

そして、知っておいてほしいのは、例に出した無印良品の「ポリプロピレンデス

ク内整理トレー」はもちろん、292ページ以降で紹介しているケースは、ハンドルつきのもの以外、どのケースも**向きを変えれば横に長いケースとしても使えること**です。ですから、「ポリプロピレンデスク内整理トレー」ならば、横幅20㎝程度のケースが必要という場合でも候補になるわけです。

こうやって、まず入れるもののサイズを考慮しながら空間の仕切り方を考え、サイズを測ります。そのサイズを基に**ケースを「サイズ」基準で選び、組み合わせていき「収納環境」をつくっていきましょう**。

なお、引き出し内でケースが動いてしまう場合は、100円ショップでも手に入る「耐震ジェル」や「すべり止めシート」をケースの底に貼りつけておくと固定できます。また、トレー側面を両面テープでつなぎ合わせておくとさらに安定します。

ここまでは、引き出しの例をお伝えしましたが、棚で使う収納ケースを探すときも同じ要領です。

例えば、内寸が、〈横幅85×奥行45×高さ30㎝〉の棚があるとします。ここを横

## 引き出しの内側(内寸)のサイズを測る

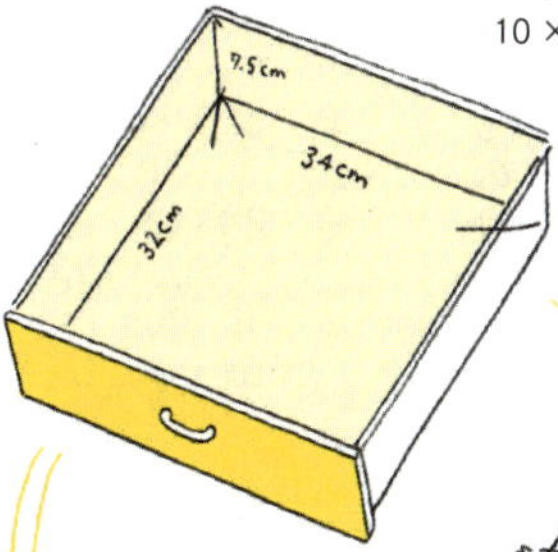


「**ポリプロピレンデスク内整理トレー2**（横幅10×奥行20×高さ4cm)」を横に使用

「**ポリプロピレンデスク内整理トレー3**（横幅6.7×奥行20×高さ4cm)」×3個、「**ポリプロピレンデスク内整理トレー4**（横幅13.4×奥行20×高さ4cm)」×1個

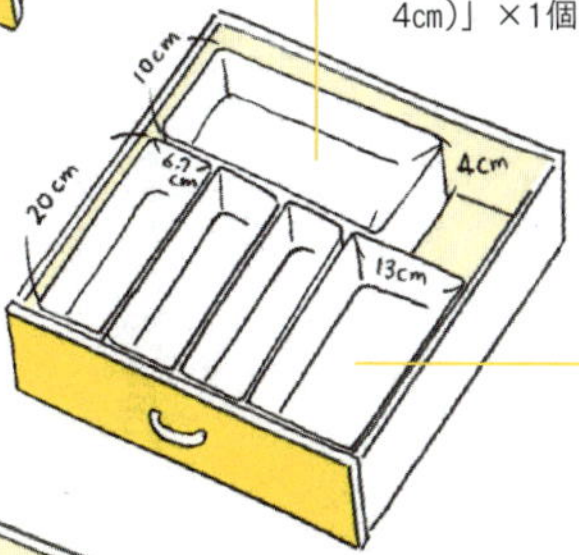


## 大きさの違うケースを組み合わせる場合

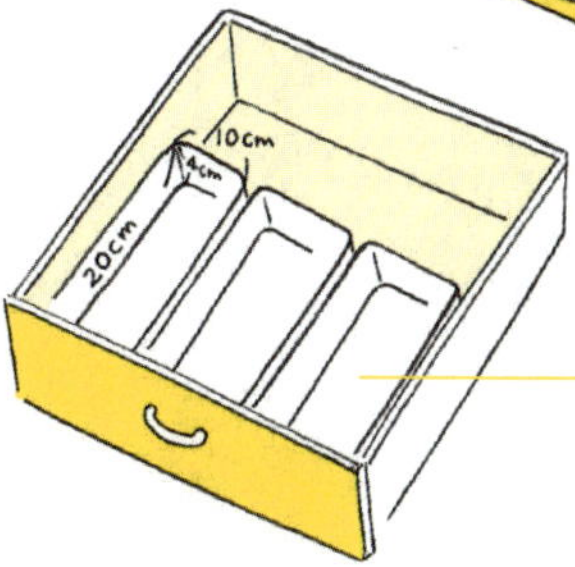


## 手前を3等分にする場合

横幅10cmの「**ポリプロピレンデスク内整理トレー2**（横幅10×奥行20×高さ4cm)」が3つ収まる

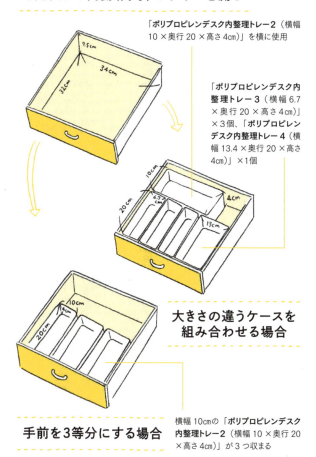

幅3等分でケースを入れたいとなれば、「横幅85㎝÷3＝28・3㎝」ですから、28・3㎝以内で、これに近いケースを探します。

すると、ニトリの「Nインボックス（W）レギュラー（ホワイト）（横幅26・6×奥行38・9×高さ23・6㎝）」ならば、3等分にちょうどいい。なおかつ、奥行き・高さを照らし合わせても収まります。

棚の中も測るのは必ず内寸ですが、**折戸や開き戸がついている場合は、横幅の内寸がその分狭くなりますから注意**してください。

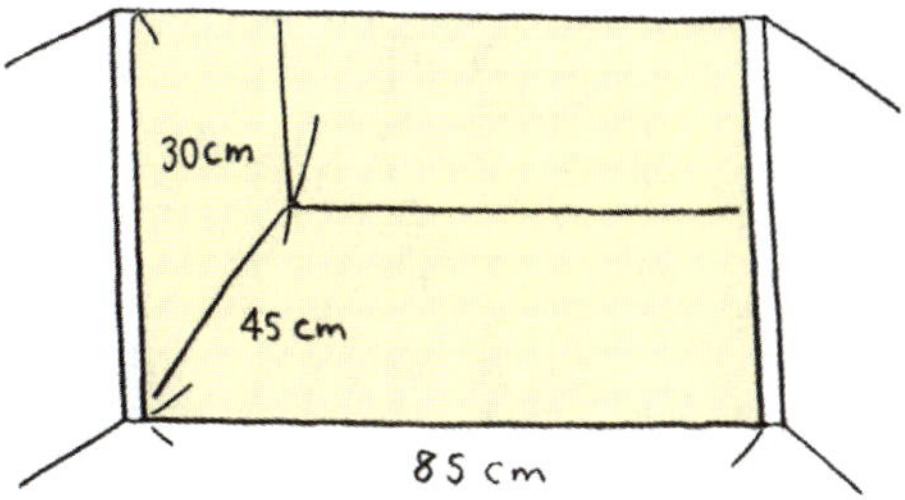


横幅の内寸は、戸を開いたときにできる
“たまり”部分を引いて測る

## 横幅を3等分にする場合

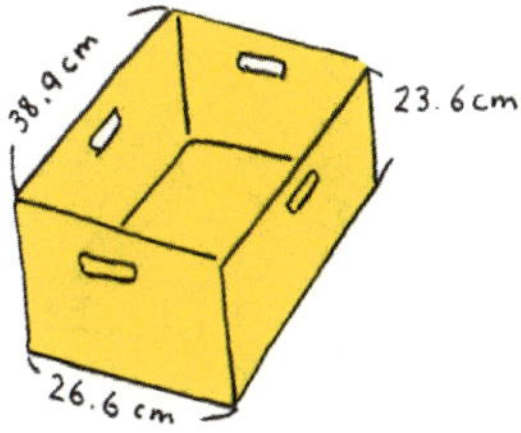


**「N インボックス（W）**
**レギュラー（ホワイト）**
（横幅26.6×奥行38.9×高さ23.6㎝）」
3 つがちょうどよく収まる

# 71

## 手のひらでさっと測れたら便利です

自宅の空間を測るときは、もちろんメジャーが必要です。

収納グッズを購入する際は、基本はタグなどにサイズが記載してありますが、まれに高さの記載がないとか、ケースの外寸だけでなく内寸も知りたいというようなこともあるので、メジャーを持ち歩くのがおすすめです。

メジャーで測ることがベストですが、持っていなかった。でも、だいたいの長さを把握したい。そういったときのためにも、**自分の体や身のまわりのもののサイズ感を覚えておくと便利**です。

例えば、手のサイズ。私は、手を広げたときのサイズは21㎝です。それがわかっているので、手を広げてさっと当てることで、だいたいのサイズを知ることができます。大きな家具などの場合も、身長や両手を広げたときの長さや、自分の腰までの高さなどをあらかじめ知っておけば、照らし合わせて「だいたい何cmくらい」というのがわかりますよね。体以外でも、次のようなものがあります。

- 郵便はがきの短辺…10cm
- 千円札の長辺…15cm
- 1万円札の長辺…16cm
- 500mlのペットボトルの高さ…21・4cm
- 一般的なティッシュ箱の横幅…24cm
- A4サイズの書類の長辺…29・7cm

普段、サイズを意識することはあまりないと思うのですが、身近なもののサイズ感を知っておくと**自分にとって「使いやすい大きさ」の感覚**がわかってきます。また、サイズを測る習慣をつけておくことで、グッズを探す際の失敗もなくなります。

# 72

# 無難な白が、やっぱり頼れる存在

収納ケースを選ぶときは、**「色」「素材」「形」を意識する**こともポイントです。使うもの、使う場所によってどんな色、素材、形なら使いやすいか考えましょう。

色は、何色がダメということはありませんが、**「白」がおすすめです。白は清潔感があり、すっきり見えます**。無難な色ですから飽きることもないし、まず、「白」で後悔するようなことはありません。

逆に明るい原色などにすると、使っているうちに「目がチカチカする」「なんだか、気持ちがすっきりしない！」と後悔することも。収納環境をつくるときは、同じケースをいくつか並べて使うことも多いので、ずらりと並ぶとなおさらです。

以前、どうしても「ピンクがいい」という方がいました。最初は、好きな色だから気分よく使えることを疑わなかったようですが、いざ日常的に使い始めると「見るのがしんどくなってきた」と、嘆いていました。

あとは、場所や入れるものによって、半透明や透明のケースを効果的に取り入れるといいと思います。これらのメリットは中身が見える、判別できることです。**特に冷蔵庫では透明、半透明が役立ちます。というより、透明・半透明以外はNG！**

なぜなら冷蔵室は、棚の上段のほうは白も含めて、不透明のケースに入れると中身が見えなくなってしまうからです。

消費期限がある食品は、中身が見える容器に入れることが大前提です。棚の下段のほうは不透明のケースに入っていてもまだ中身が見えますが、自分の目線より高い中段、上段は真っ白いケースだと、一つひとつ引き出さないと中身が見えません。透明か半透明なら、正面からはもちろん、下からのぞき込めば、棚板も透明ですから奥のほうに入れたものも判別できます。

ほかの場所は自分の使いやすさや好みで、白、半透明、透明を使い分けましょう。外側から「中身」が見えるほうが便利という人もいますし、見えるのはイヤだという人もいます。ものや空間によっても変わってくるので、自分にとって心地よく使えるほうを選んでください。

ただし、**同じ場所で透明、半透明、白を混ぜるのはよくありません。種類が混ざると、乱雑な印象でストレスになってしまいます。**

# 73

# 「丸いとかわいい」ですが、かわいいだけです

収納ケースの形は、**四角いものを選ぶことが原則**です。

円柱形、楕円《だえん》形などの丸いケースを引き出しなどに入れても無駄な空間をつくってしまい、正直に言ってメリットはありません。

例えば、円柱形のスパイスボトルを引き出しに数本並べてみます。すると、1本1本の間に小さな隙間ができて、そこにほこりが溜まってしまいます。

対して**四角いボトルならば、ぴたりとくっつくように並ぶので隙間ができません**。

四角ならボトル同士が支えになって**立てたときの安定感もあります**が、円柱のように隙間ができると、引き出すたびにカタカタと動いて倒れやすいのです。

また、スパイスなど粉ものや液体ならば影響がなくても、固形のものは丸ケースの中には、うまく収まりません。例えば、楕円の容器にペンを寝かせて並べれば端に隙間ができてしまうし、ふせんだったら、紙の端が曲がってしまうでしょう。外側だけでなく、ケースの内側にも不要な隙間ができてしまうため、容量も使いきれません。「丸いとかわいい」ので、デザインにひかれてつい買ってしまう人もいますが、収納の極意は「使いやすく収めること」です。**丸型は小さな隙間にほこりやカスが溜まって掃除に手間もかかってしまう。**その点も含め、**暮らしがラクに、便利になるのは、断然四角いケース**なのです。

引き出しだけでなく、棚に使うケースも同様。四角いものを選んでください。

また、**四角であっても高さのラインが底に対し「垂直」のものを選んでください**。縦のラインが底にいくにつれてすぼまっていて、空の状態で重ねるとすっぽり中に入っていくタイプのケースもよく売られていますが、このタイプは収納環境をつくるうえでは使い勝手がよくありません。

円柱形のボトルだと、
隙間ができ、ほこりが溜まる

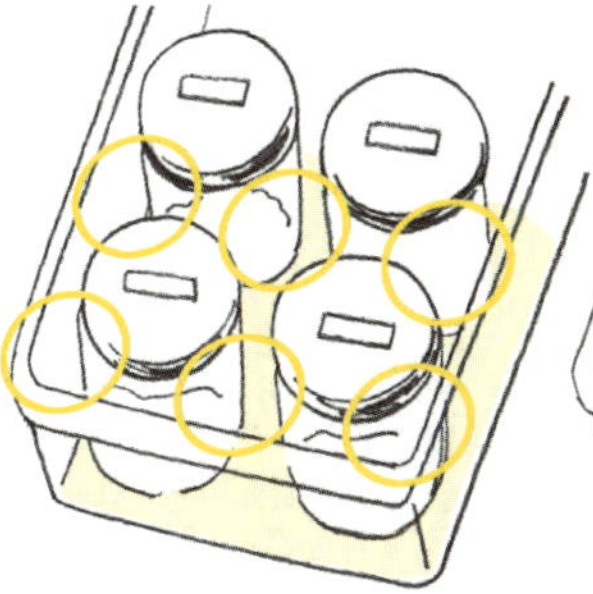

四角いボトルならば、
余計な隙間ができない

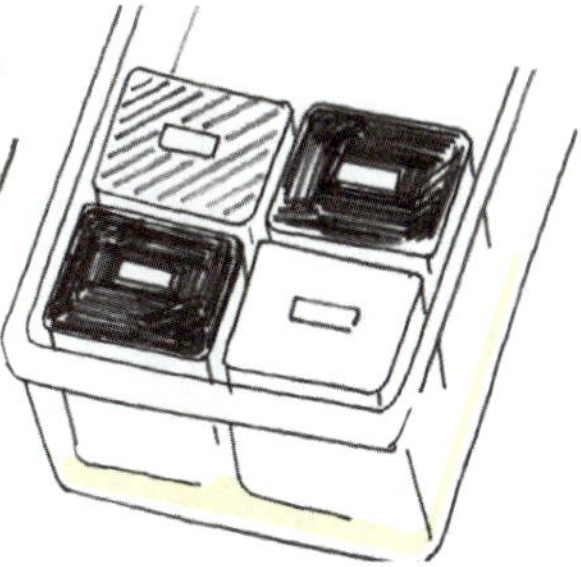

まず、この形状のケースは、ものを入れた状態で「重ねて」使うことができないのです。ふたつきなら重ねられますが、ふたを取り外したりつけたりすることは、動作数を増やしてしまい、よく使うものを入れる際は効率的ではありませんよね。

そして、**すぼまっている分、ものの収まりが悪い**ですし、容量も減ってしまいます。さらに、横にいくつか並べるとケースとケースの間に空間ができてしまうのですが、こういった隙間を見つけると、有効に使えるんじゃない？　なんて思い立って、何かを収納してしまう人がいます。細長いものなんかがちょうどいいと、パスタやそうめん、割り箸やストロー。ほかにもレトルトのカレーや小分けパックの乾物やスープなどもスルッと入って、ジャストフィット。

しかし、**こんなところに収めるのは、収納ではありません！**

ケースを取り出すたびに、隙間に入れたものが落ちてきますし、ここにほこりも溜まってしまいます。また、ものがケースの裏側に入り込んでしまって、そのまま化石化さえしてしまいます。

このようなケースは、使っていないときは重ねることでコンパクトになりますから、省スペースでしまえて好都合。そのため、お店側としても陳列の利点が多く、取り扱いが豊富。そして、「あっても、じゃまにならない」と理由をつけ、たくさん買い込んでしまう人が多いのです。

しかし、「使わない収納グッズは持たない」が整理収納の基本です。それに、**もののよさが使っていないときに発揮されるケースとなると、やはり収納には不要**なのです。

# 74

# 結局のところ コスパ最強はプラスチック

収納グッズの素材に関して、「紙製」はまずおすすめしません。ファイルボックスなども紙製のほうが価格も手ごろですから、つい選んでしまう人も多いと思います。しかし、**紙製は強度が低いうえに湿気にも弱く、劣化しやすい**のです。

会社の場合は法律上、数年〜数十年保存しておかなければならない書類があります。これらは、保管庫などに置かれ頻繁に使用することもありません。そして、保存期間が終われば処分されるわけですが、大量の場合は一つひとつファイルボックスや段ボール箱から出していると面倒です。入れものごと焼却や溶解処理にまわせれば手間も省けますから、このようなときは紙製のファイルボックスや箱が重宝します。

しかし、家庭の場合はそうではありません。ファイルボックスに入れておくものはどちらかと言えば、頻繁に出し入れする書類です。紙製だと強度が低いので、出し入れしているうちに底が抜けてしまうことも。また、湿気や汚れのダメージなども受けやすく、すぐ劣化してしまいます。汚れても、拭き取れませんよね。だから、**断然プラスチック製のほうがおすすめ**なのです。

そして、ファイルボックスの場合は、書類で使わなくなっても、洗面所で洗剤を入れたり、キッチンでフライパンを立てるのに活用したりと使いまわししやすいアイテムです。**丈夫で長く使えますから、結果的に紙製を使い捨てて何度も買うよりも、コストパフォーマンスがいい**のです。

ファイルボックス以外でも紙製のものはおすすめしません。また、布製もカビが生えやすいので、避けたい素材です。

あとは、使う環境を考えて適材適所で選んでいきますが、**プラスチックやアクリル素材のものであれば比較的どこでも使いやすい**です。

例えば、紙製や布製、木製やかごなどの籐《とう》も水をはじきませんから、洗面所やキッチンなどの水まわりには適しません。スチール製もさびてしまうことがあります。また、上段の棚など高い位置で使う場合、スチールなど重い素材のケースは持ち上げるときに負担になるので、軽い素材のほうが使いやすいです。

# 75

## 条件次第で紙箱も出番があります

前項で、「紙製はおすすめしません」とお伝えしましたが、実は整理収納をご依頼いただいた際に、私は紙製ボックスを活用することもあるのです。もちろん、廃材の段ボールではなく、収納用の商品を調達します。

使う理由は、コストの問題。できればプラスチック製のほうがいいのですが、予算的にすべてをプラスチックにすることが厳しい場合は、紙製を取り入れます。

しかし、使う場所と用途はかなり限られます。

場所は、毎日扉を開閉する使用頻度の高い納戸や棚。つまり、**開閉することで通気性がよく、湿気がたまりにくい場所**です。そして、中に入れるのは、小型のクリスマスツリーなど年に1回程度しか出し入れしない使用頻度の低いものです。

ついやってしまうのが、写真などの思い出の品を紙製の箱に入れ、めったに開かない天袋（部屋上部や天井に接するところに備えつけられた小さい袋棚）や、押し入れの奥に入れておくというパターン。すると、紙箱が湿気を吸って、箱そのものはもちろん、中のものにまでカビが生えがちですし、虫もつきやすいです。だから、**通気性の悪い場所はNG**です。

頻繁に出し入れするものを入れると、すぐボロボロになります。また、重いものは当然底抜けの原因になるため、中身は軽量のものでないといけません。

本来、開け閉めの多い戸棚には使用頻度が高いものを入れますが、紙製のボックスを使う場合はこういった例外が生じます。

先にお伝えしたように、**できればプラスチック製が理想ですが、コストを削らなくてはいけないときは、手ごろな紙製を使うことも有効**です。しかし、場所、用途、入れるものに十分に気をつける必要があります。そうしないと、中に入れた大切なものを傷《いた》めかねません。

# 76

# 「本来の使い方」以外でも役立つ優秀グッズ

収納の基本がわかってきたら、グッズの使い方を工夫して、ひとひねりあるテクニックも習得していくと、収納のレベルが上がって機能的になっていきます。

例えば、**「本来の使い方」とは違う用途でグッズを活用する方法**です。

255ページなどでお伝えしたとおり、高さがあるファイルボックスは書類の収納以外にもキッチンでフライパン、洗面所で洗剤類、ほかにも玄関でスリッパをしまう際などにも便利です。いずれも、収納の4つのテクニック（163ページ）のうちの「立てる」を手助けしてくれます。

また、100円ショップなどでも購入できる**ブックエンドは、本だけでなく、衣類やキッチンなどの引き出し内でのストッパーや仕切りとして、「仕切る」「立てる」テクニックを実践するときに役立ちます**。

100円ショップでも幅が15㎝くらいの大きめのものや、10㎝くらいのミニサイズタイプなどいくつかサイズ展開があるので、空間やものの大きさに合わせてちょうどいいサイズを選びましょう。

ブックエンドを選ぶときはさらにもうひとつ、ポイントがあります。**必ずシンプルな「L字」のものを選んでください。**Lの背側にしっぽのような板がついているタイプがありますが、このタイプはしっぽがじゃまになってしまいます。

収納するものが決まっていて、その収納グッズを探すというときも、**「専用」商品にこだわらず幅広い観点でグッズ探しをしてみる**と候補が広がります。

例えば、「薄型の体重計を立てるグッズを探している」というとき、専用のグッ

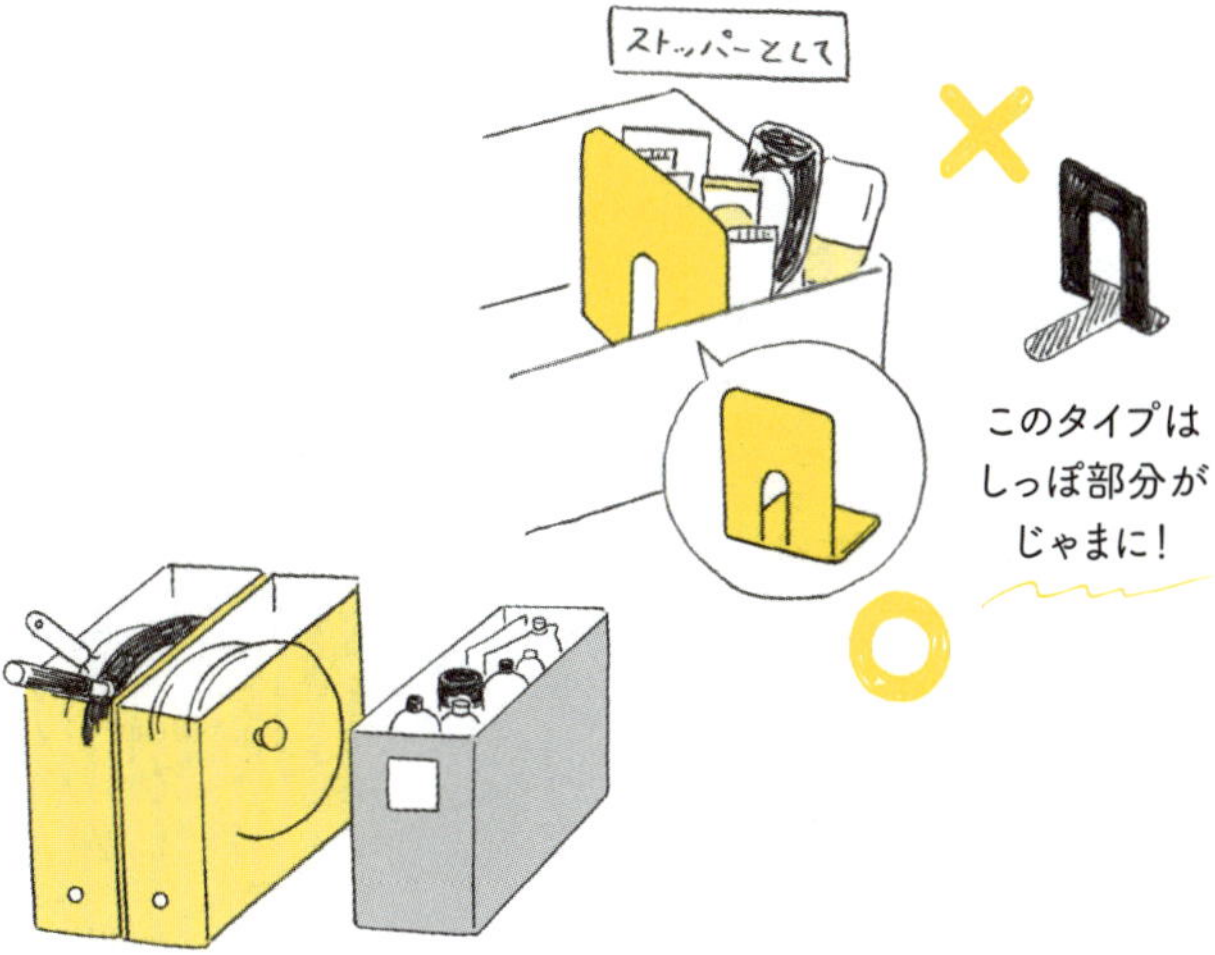
ストッパーとして
このタイプは
しっぽ部分が
じゃまに!

ズをチェックするだけでなく、体重計の形状に似ている収納グッズにも注目してみましょう。そんな発想で探していくと、「まな板スタンド」もちょうどいいことに気づきます。まな板スタンドは、その名のとおり本来は、まな板を立てる道具ですが、体重計も同じように薄型の板状ですからうまく収まります。

ジッパーつきの袋に入ったふりかけと、それよりひとまわり小さい袋に入った乾物を立てて収納する際に活用できるのは、アクリル製のレタースタ

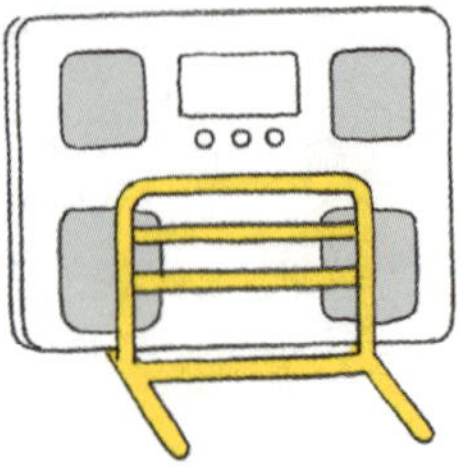
まな板スタンドを
活用!

レタースタンドを
活用!
かつおぶし
乾燥わかめ

ンドです。自立しない封筒類や便せん、宅配伝票などを立てて収納するためのグッズですが、それらと形、大きさも近いふりかけ類を立てるのにもぴったり。ケースの中間に仕切りもついているので、大きい袋と小さい袋を分けて収めることができます。すると、小さい袋が大きい袋の中に埋もれてしまうこともなく、快適に使えます。

**安全性や重量に問題がなければ、このような「本来の使い方とは違う用途」にも、ぜひ挑戦してみてください。**

また、引き出しに入れたケースや仕切りが動いてしまうときは、裏面に小さい「耐震ジェル」を貼りつけると、すべり止めになり動かなくなります。本来は家具や家電の揺れを軽減するためのものですが、こんなふうに収納を快適にするためにも使えます。

磁石を使った空中収納もテクニックのひとつ。

「もの」に小さい磁石を取りつければ、磁石がつく場所にそのままペタリと貼りつけ浮かせて収納できます。つかない素材の壁なら100円ショップでも買える、磁石用ステンレスプレートを収納場所に貼りつけると磁石がつく仕様になります。

# 77

## 選ぶコツを知っていれば、氾濫する情報に溺れない

「収納グッズの種類を知れば知るほど、何がいいのかわからなくなってしまう」

「お店やネットショップで、商品をたくさん見れば見るほど、迷ってしまう」

「テレビや雑誌、ＳＮＳで紹介しているものは、〝どれも、よさそう〟に見えてしまい、選択ができない」

皆さんも、こんなふうに情報が多くなればなるほど迷って、選べなくなってしまっていませんか？　情報が多いほど迷ってしまう理由は、「本当に、必要な情報が何なのか」を判別するためのポイントを知らないからです。

ポイントを知らないと、いらない情報をなかなかふるいにかけられない。だから、

あれもいいし、これもいい。また、テレビやSNSでのおすすめコメントにも惑わされてしまいます。そして、「決め手」がわからず、ずっと迷い続けたり、選べないがゆえに、いらないものを買ってしまったりするのです。

しかし、**選び方のポイントを知っていれば、そこから外れている情報は瞬時にふるい落とせます**。そうすれば、必要な情報だけが残り選択肢が減りますから、ぐっと選びやすくなり、時間をかけずに決められます。

だからあなたも、ここまでお伝えしてきた収納グッズ選びのポイントを知っていただくだけでも、情報が精査され、選びやすくなってくるはずです。

私自身も、グッズ選びや買いものに失敗した経験は何度もあります。買ったのに使わず、処分する羽目になったものは数知れず。それは、やはり選ぶための知識がなかったからです。その**知識が増えた今は、使えるか使えないかが、すぐ判別ができるようになりました**。皆さんも、ポイントを知り収納の経験を重ねていけば自然と、「あっ、これは使いにくいだろうな」「よさそうに見えるけれど、手入れがしにくそうだな」というのがわかってくるはずです。

Column 4

# インテリアを
# 素敵に見せる法則

部屋の中が整ったら気持ちを潤し、豊かにしてくれるアイテムも置きたくなります。そんなときの、飾り方のポイントをご紹介します。まずは、「フォーカルポイント」、つまり視線を集める見せ場をつくることです。部屋のあちこちに置くとうまくまとまらないし、ごちゃごちゃした印象になってしまいます。フォーカルポイントは、部屋の第一印象になるので、いい印象を与えるものや、お気に入りのものを置きましょう。我が家のリビングでは必ずお花を飾っています。

それから、ディスプレイは「三角構成」を意識すると美しく、バランスよく見えます。背の高さが同じものを並べるのではなく、ひとつを高くし、その頂点が三角形の頂点になるように雑貨を飾るのがおすすめです。

装飾も飾りすぎてしまっては、素敵に見えないし、散らかった印象になりかねません。ほどよい数を心がけてください。

Chapter

5

# 脱・リバウンド

一度、きちんと整えた
収納環境は、維持もラクです。
少しのポイントを押さえれば
リバウンド知らず。
快適な暮らしが続きます。

# 78

# 「あとでやろう」の先には片づかない部屋がある

整理と収納で「収納環境」がきちんと整ったならば、「やっても、やっても、片づかない」という負のスパイラルからは脱出。「片づけのことを考えただけで疲れてしまう」ことも、もうありません。あとは、**「出したものを戻す」の習慣を持続していけば、きれいで快適な状態が続きます**。

しかし、魔法のように片づくわけではありません。当たり前ですが、**出したものは勝手には戻らないし、自分で戻さなければならない**のです。

皆さんは、「あとで戻そう」「あとで片づけよう」が口ぐせではありませんか？

これは片づかない理由のひとつ「戻すことが習慣化できていない」に直結している言葉と行動です。いくら片づきやすい環境になっても、出したものは戻さなければ、どんどん散らかって、リバウンドしてしまいます。

でも、働いていたり家事をしたりと忙しい毎日、そういうことだってありますよね。第1章でもお伝えしましたが、「24時間ずっと片づいている家はない！」ですし、私だってつい「あとで戻そう」というときもあります。

大事なのは、これを重ねないこと。

**「あとで戻そう」が常習化してしまったら、散らかった部屋への逆戻りは確実**です。

でも、常習化する前に対処すれば、問題なし。

〝片づく収納環境〟が整っているのだから、以前のように戻す場所がわからない、元の場所に戻すのが面倒でできないということはないのです。

引き出しを開けても、ごちゃごちゃしていません。戸棚を開けても、ほかのものが落ちてきません。ほかのものをあれこれどかして、戻す手間もありません。

開ければ、すっきり見やすい空間があるので、戻す場所がすぐわかります。だから、定位置にさっと置くだけ。

それがわかっていれば戻すのも苦にならないし、整えた空間を見るのが楽しみにさえなってくるはず。「あとで戻そう」も、おのずと減ります。

# 79

# 家族は、ほめて巻き込む。でも、期待はほどほどに

第1章でもお話ししましたが、すべて自分でやろうとすると体力的にも大変で疲れてしまいます。だから、「家族にも片づけるくせ」をつけてもらいましょう。**リバウンドをしないためには、「いかに家族を巻き込むか」もポイント**です。

巻き込みやすくするためには、自分以外の人が使うものは使う本人が、**家族で共有するものは家族全員が、戻すことが苦にならない収納環境に整えてあることが重要**。その人の動線、身長、体力なども踏まえた収納環境であることは、必須です。

そして、ここでお伝えしたいのは、家族を「やる気」にさせる方法。

私のおすすめは、**ほめて巻き込むこと。私流にアレンジした片づけをやる気にさ**

**せる「さ・し・す・せ・そ」の言葉で、家族のモチベーションを上げます。**

その言葉は、

さ…さすが！
し…信じてるよ！
す…素敵！
せ…世界一！
そ…そのとおり！

私は自分の手がまわらないとき、娘たちに「シンクの食器、片づけてくれると信じてるよ」とさり気なく伝えます。すると、翌朝にはすっきりきれいに。また、次女は、衣類をたたむのがとても上手なので「素敵！」「世界一！」とほめています。小さなお子さんにも、このほめる手段をぜひ使ってください。おもちゃを片づけたら、「さすがだね！」ってほめてあげれば、やる気になってくれます。それに、すべてママが片づけてしまうのではなく、「あそこにブロック落ちているよ」と本人に気づかせるという心がけも必要だと思います。

とはいえ、相手も人間ですから、やってくれないこともあります。だから、**「過度な期待をしない」ことも大事**。期待が大きいと、やってくれないときの自分のストレスが大きくなってしまいますから。

私も以前は、家族が片づけてくれないことにイライラ。自分はこう戻してほしいのに、違う戻し方をしている。それは、自分以外の人の「使いやすさ」まで考えられた収納環境になっていなかったことも要因です。

そして、いずれにしてもやってくれて当たり前ではなく、**「やってくれたらラッキー！」**というくらいの気持ちでいることが大事だと思います。

# 80

## いつだって、大事なのは〝今〟です

一度頑張って収納環境を整えれば、あとはラクですが、それでも暮らしがある以上、買いものもしますし、ものも増えます。また、季節やライフスタイルの変化で使うものも変わっていきます。だから、どうしても**節目、節目のメンテナンスは必要**です。

メンテナンスというと少し面倒に感じるかもしれませんが、**日ごろから「必要なもの以外は持たない」ことを意識していれば、メンテナンスもラクにできます。**

収納で大事なのは、常に「〝今〟の日常に必要なものが使いやすい」仕組みになっていることです。だからまずは、**季節の変わり目や生活が変わる年度末などの節目で、収納環境も「入れ替え」をする**ことが不可欠。

例えばキッチンならば、夏にはかき氷セットなどを取り出しやすい位置にする、冬になれば頻繁に使う鍋セットをすぐ手が届く棚に移動する。衣類、靴も同様です。

また、お子さんがいるご家庭なら、進級、入学、卒業による環境の変化も意識しましょう。環境や年齢が変われば、「必要なもの」「所持するもの」にも変化があるので、収納の仕組みだけでなく、**ものの量もメンテナンスしてください**。もちろん日常的に「必要なもの以外は手放す」を意識すればあふれかえることはありませんが、それでも、紙類を含めものは増えるので整理が必須。特に「思い出のもの」はどんどん増えてしまいますから、「ここに入るまで」という量を決めて、入らないものは手放す判断もしましょう。

それから、子どもは年々身長が伸びていきます。逆に大人は、体力が落ち重いものを上げること、しゃがむことがおっくうになるケースも。すると、**取り出しやす**

い「位置」や生活動線も変わってくるので、その点も意識して合わせていく必要があります。

もし、引っ越しなどで住環境が一変したときは、収納も、ものの持ち方も、その住環境に合わせなければなりません。例えば、これまでと同数の鍋が入らないとなれば、減らすか小さいものに買い替えるなど「折り合いをつける」ことが大事です。

# 81

## 「未来のもの」の買いものは、いりません

片づけられるようになるためには、「整理」が要であり、それがいちばん大変な作業であることは第1章と第2章で何度もお伝えしてきました。

片づけられる環境にするためには、必要なものだけを持つ。そのためには「不要なものを手放す」ことをしなければなりません。それと同時に、**「不要なものを取り入れない」**ことが、リバウンドしないためには重要な要素です。

「整理」を経験し自分に必要なものが何かを理解すれば、ものを選ぶ力や判断力が養われるので、いらないもの、似合わないものには自然と手を出さないマインドに変わります。だから、以前のように「あれも、これも、とりあえず買ってしまう」

ということはきっとないはず！　ですがそれでも、何かを購入するときに意識してほしいのは、ここまで何度も説明したとおり、**「いつか、使うかも」の〝いつか〟はこない**ということ。つまり、未来の買いものはしないということ。〝今〟の日常に必要なものだけを手に入れてください。

それから、「あったら便利は、なくても平気」。収納スペースを費やしたり、管理の手間をかけたりしてまで、出費が必要か。すでに所持しているものでまかなえないか。**「あったら便利」で買ったものの結末は、たいてい「いつか、使うかも」というジャンルになり、**棚の奥に眠って存在を忘れられています。

そして、レジに行く前に231ページで紹介した3つのステップ「どこで使うのか」「どうやって使うか」「手入れは、どうか」も想像してください。

これは「収納グッズ」に限らず、どんな「もの」にも言えることです。

「ものと向き合う」という作業は、誰にとってもハードルが高いことだと思います。だから、油断をすると増えてしまうこともあります。常に、**「今、必要なものだけを持つ」ことを心がけましょう**。

# 82

## 子どものものは、悩むより楽しんで

不要なものを購入しなくとも、暮らしがある限り、「もの」は新たに生活の中に入ってきます。当然、新しい服も家電も本も、必要なものは購入しますよね。

しかし、ものが増えても家の広さは変わりません。ものが増えたからといって、**収納スペースを増やしてしまったら「人が暮らす場所」が減ってしまい、家が倉庫化。**そしてものの管理ができなくなり、リバウンドしてしまいます。

そうならないためには、何か入ってきたら、その分、何かを外に出さなければなりません。たくさん食べて摂取カロリーばかり増えたのに、消費されるカロリーが変わらなければ、どんどん太ってしまいますね。収納スペースも同じです。

一般的によく言われているのは、「1イン2アウト」。ひとつ買ったらふたつ手放す習慣ですが、ふたつ手放すのはなかなか難しいかもしれません。だけど、**最低でも「1イン1アウト」は必須にしましょう**。

だから、基本は「買い替え」になります。ちなみに私は、「1アウト1イン」（アウトが先）。ものにもよりますが、まずは手放してから、新しいものを取り入れるようにしています。そのほうが、増えないことが確実です。

あと、「子どものおもちゃが増えて困ります」「リビングに子どものものがあってすっきりしません」というようなお悩みをよくいただきます。

これまで言ってきたことと矛盾するようですが、この場合、**「子どものものを減らすことは、あきらめましょう」というのが、私の考え**です。この光景を、**むしろ楽しんでほしい**のです。だって、子どもが成長しておもちゃや絵本がなくなっていくのは、意外と淋しいものですよ。子育て中、ものがたくさんあって**イライラする気持ちもわかりますが、それは一時だけ。見方を変えれば、貴重な一時**ですから。

# 83

## イラッとポイントを、見逃してはいけない

収納環境は、定期的な見直しだけでなく、「使いにくさ」を感じたときにも見直しをしてください。それを放っておくと収納環境がどんどん乱れていき、リバウンドしてしまいます。

何かを取り出すとき、**戻すときに「イラッ」としたら、見直すタイミング**。まず、どうしてイラッとするのか考えることが大事ですが、こんなとき、**「写真を撮ってみる」というのも、それに気づくひとつのコツ**です。

肉眼で、いつもの光景を見ているとわからないことが、写真に撮っていつもと違う感覚で見てみると、「ものを詰め込みすぎている」「使っていないものばかり」

「手前のものより、奥のもののほうが使用頻度が高かった」など、気づくことができます。

その収納エリアだけでなく、部屋全体を撮ってみると動線との兼ね合いも見えてくることがあるので試してみてください。

そして、収納自体は変わっていなくても、少し生活動線が変わったり、ライフスタイルが変わったりすれば、これまで快適だったのが、「イラッと」に変わることもあります。

私の経験で言うと、娘のお弁当を毎日つくっていたときは欠かせなかった「お弁当用のピック」。当時はもちろん取り出しやすい位置にあったのですが、娘が成長し毎日つくる期間が終わっても、たまに使うと思って同じ場所に置いていたら、やっぱりじゃまになり、イラッとポイントになったということがあります。

暮らしが変わったときは、それに合わせて収納も変えなければ、少しずつ「イラッと」が溜まってしまいますから、その都度見直す必要があります。

また、イラッとしてもガマンしたり、気のせいだと思ってスルーしてしまう人が多いですが、**必ず見過ごさずに向き合いましょう**。

そうしないと、どんどん使いにくくなってしまい、あとで自分が苦しむことに。

**不便（イラッと）を感じたら、不備があるということ。それは不快になります。**

そして、次第にリバウンドしていきます。「快適な暮らし」を遠ざけてしまいます。

# 84

## 消耗品の替えどきは、状態より期限

タオルやキッチンのふきんなどの「替えどき」がわからずに、その結果、新しいものを追加してしまい、増やしてしまうという人もいるのではないでしょうか。

私の場合は、**「ものの状態」ではなく「期限」で交換のタイミングを決めています**。

タオルは、1年に一度、年の初めに総入れ替え。1年使ったタオルは2軍にまわし、雨に降られて帰ってきたときに玄関で使うなど臨時用に。この2軍の期間も1年間だけと決め、その後は雑巾にします。この循環を維持すれば、タオルが増えてしまうことはありませんし、いつも状態のいいものを使えるのです。

よくやりがちなのが、「新品」を2軍の予備としてしまうこと。すると、普段使うのはそれなりに使ったゴワゴワになりかけのものばかりで、ふかふかはときどきしか使わないことになります。これだと新品が手元にあるのにもったいないですよね。

ほかにも、キッチンのふきんや歯ブラシは1か月、キッチンで使うプラスチック製の保存容器は1年、防寒インナーはワンシーズンで、総入れ替えをしています。

こういった消耗品は、「ボロボロになったら」「使えなくなったら」「汚れたら」で処分するタイミングをはかりがちです。すると基準が曖昧で、「もう替えたほうがいい気もするし、まだ使えそうな気もするし……」とはっきりできないまま時が過ぎてしまいます。そして、せっかくものを減らしたのに、また無駄に増やす要因にもなってしまいます。状態ではなく、「1年」「1か月」など**期限を明確にしておくと迷わず、手放すのがラクになります**。

先にお伝えした期間は、あくまでも我が家の場合。入れ替え期間はその家の生活スタイル、家族構成などによっても変わるので、都合のいい期間を決めてください。

## 85

# 片づけで、人生が変わるのは本当？

「片づく部屋を維持するコツは何ですか？」とよく聞かれます。

先に説明してきたように、定期的なメンテナンスや家族の協力、ものを増やさない工夫で収納環境を保つことが最大のコツですが、それらを後押しするのは、やはり「気持ち」です。

ではその気持ちを維持するためのコツはというと、いちばんは、「人を招くこと」だと思います。皆さんもやはり**お客様を招くときは、「きれいにしなくちゃ！」と、気合が入る**のではないでしょうか。もし明日、あなたの「推し」が家に遊びに来ることになったら……気合いが入りますよね。

そのやる気こそが、「片づく部屋」を維持するための原動力だと思います。

それから、**きれいな収納環境は、それだけで「維持したい」気持ちが湧きます**。逆に乱れている環境なら適当にしまえばいいかと思って乱雑になってしまう。それは、自分だけでなく家族にも言えることです。

高級なホテルのお手洗いは、洗面台もピカピカで、タオルもふかふか。すると、自然とていねいに、きれいに使う行動をとっていると思います。そしてなんだか、自分の姿勢までシャキッと美しくなりますよね。

家も同じ。素敵な部屋、きれいな収納環境なら、家族も自然ときれいに使ってくれます。使い手、つまり家族一人ひとりの行動も気持ちも、よい方向に向かいます。

**いい環境、いい習慣が、いい循環をつくるのです。**

これまでもお伝えしてきたように、**片づいた家になれば、時間的、経済的、精神的なメリットがたくさん生まれます**。そして、気持ちも見た目も運気も変わります。

ここまで読んでいただいて、片づかない原因と解決のコツ、片づいた暮らしのメリットをわかってくださったら、さっそく始めてみてください。

最後まで読んでも、「いやいや片づけでそこまで変わるわけない」と思われた方もまずはだまされたと思って始めてみてください。

一歩進めば、何かに気づくかもしれません。心が動くかもしれません。でも、やらなければ、何も変わりません。

**片づけでもっとも大事なのは「行動すること」です。**

## \ お悩みにお答えします /

# Q&A

### Q 10年前の服、似合っていないことに気づいていますが、捨てられません。

「似合っていない」ことに気づくというのは、ファッションセンスがあるということ！　気づいた自分の視覚やセンスをほめて、似合わない服とはお別れしましょう。服は自分を表現するものです。似合っていないのに着ていては、自分の価値を下げてしまいかねません。似合っている服を着るほうが、あなたがずっとずっと素敵に見えます。

### Q 忙しくて、整理収納をする時間がつくれません。

今日や明日のタイムスケジュール、週末のタイムスケジュールを書き出してみてください。こうやって、時間を「見える化」すると、忙しい中にも隙間があるものです。「忙しいから」「時間がないから」という思い込みをまずは捨てましょう。その思い込みが、行動をじゃましてしまいます。一度にたくさんの時間をとるのは難しいかもしれませんが、少しずつでもいいので、立ち止まらず進みましょう。

## Q 整理収納をしたのですが、それでも、片づきません。

ものを出すとき戻すときに、使いにくさがあれば、そこは整理収納ができていないところ。そういった点を改善すれば、片づくようになります。しかし、このようなときの原因でもっとも多いのは、「整理」をやりきれておらず、管理できる量まで減らせていないことです。不要なものを抱えていないか、見直してみてください。

## Q ざっくりした収納ではダメなのでしょうか？

仕切りなどを使わず、ざっくりとした収納環境では、すぐにものが混ざってしまいます。すると、ものが行方不明になるし、片づけもイヤになってしまいます。まずは、小さい引き出しやボックスを、きちんと仕切って、整えてみてください。ざっくりより格段に使いやすく、心地がいいことに気づき、ほかも整えたくなるはずです。

## Q 使いにくい衣装ケースを買い替えたいけれど、お金がかかるので、買うかどうか迷っています。

そのまま使い続ければ、ただただ、今の悩みを引きずっていくだけで何も変わりません。思いきって買い替えれば、使うときのイライラはもちろん、「どうしよう」と悩んでいるストレスも一気に片づきます。使いやすくなれば時短にもなり、気持ちにも時間にも余裕ができます。のちのメリットは大きいのです。ぜひ買い替えましょう。

## Q 頑張ろうと決意して整理し始めましたが、しんどいです。

整理はしんどいです。でも、片づく部屋に変えたいならば、やるしかない！　それでも、どうしても進まないという場合は、プロの手を借りることもひとつの方法。一度収納環境が整えば、あとは、それを維持すればいいだけ。でも、ものを戻すことが習慣化できなければ、せっかく整ってもすぐ元に戻ってしまうので注意です。

## Q どうなれば、ベストな状態なのかわからないんです。

「ベスト」は人それぞれ違いますから、万人に当てはまるベストな状態はありません。だから、まずは自分の理想の暮らしを考えてみましょう。そうすれば、ベストも見えてくるはずです。しかし、いきなりベストを目指すのは挫折のもと。日常の中の不満をひとつずつ解決するつもりで進み、ベストに近づいてください。

## Q 紙類をデジタル化して保存すると、スマホやパソコンが壊れたときにデータも消えないか心配です。

私は、メモアプリ「Evernote」を活用しています。これは、データ化した情報を自分のスマホやパソコンに直接保管するのではなく、インターネット上のサーバー（クラウド）に保管できるサービスです。そのため、万が一パソコンが 壊れてもデータは無傷ですし、買い替えたときもデータを移す必要はありません。新しい機器からIDとパスワードを入力すれば同じ情報が見られます。Evernote以外だと、Google KeepやiPhoneのメモアプリも、同様にクラウドに残すアプリなのでおすすめです。

# サイズ別
# おすすめ収納ケース

238ページでお伝えしたようにサイズ別に
収納ケースを把握していると便利です。
ここでは、定番の収納ケースを横幅別にピックアップしました。
ケースを選ぶときの参考にしてください。
※商品の詳細は302ページへ。

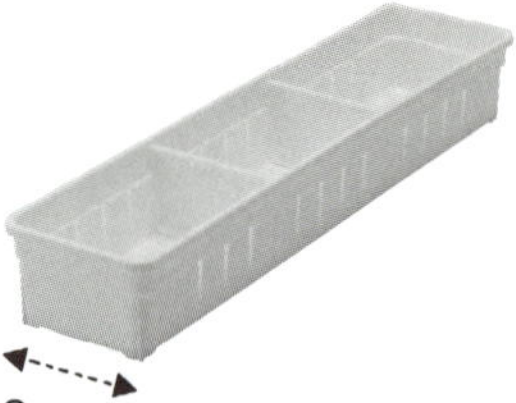


Seria
キッチントレースリム
ホワイト（★）
幅8×奥行34.8×高さ5cm

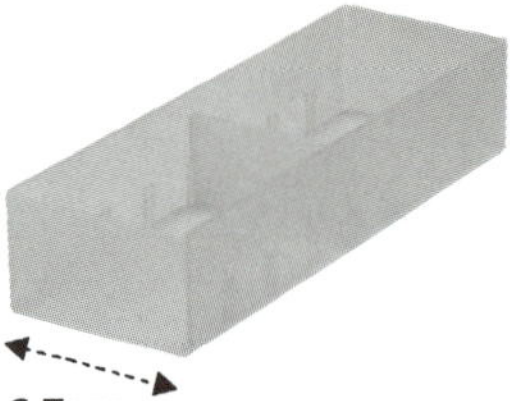


無印良品
ポリプロピレン
デスク内整理トレー3
幅6.7×奥行20×高さ4cm

※（★）はSeria以外の
100円ショップでも取り扱いあり

## 5〜10cm
郵便はがき短辺の
長さが10cmです

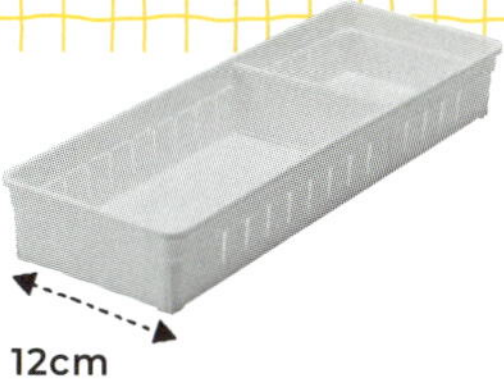


Seria
キッチントレーワイド
ホワイト (★)
幅12×奥行34.8×高さ5cm

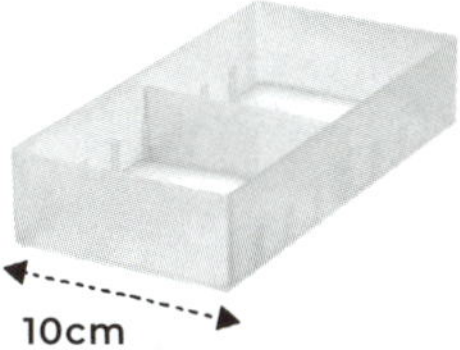


無印良品
ポリプロピレン
デスク内整理トレー2
幅10×奥行20×高さ4cm

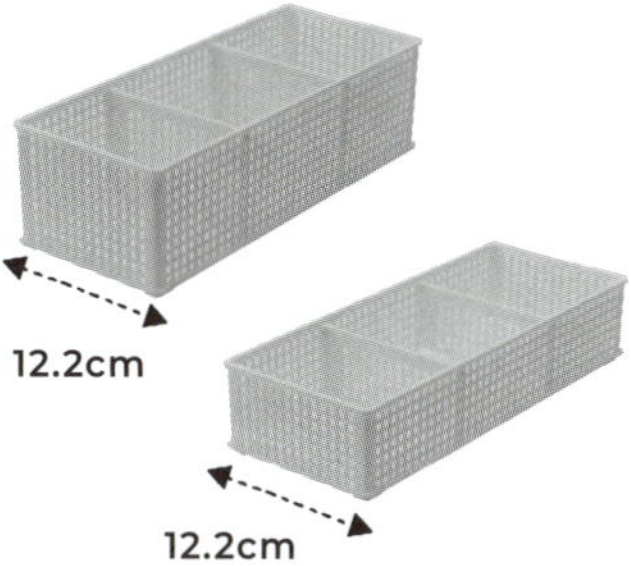


Seria
仕切りボックス深型 ホワイト
幅12.2×奥行30×高さ8.4cm

Seria
仕切りボックス浅型 ホワイト
幅12.2×奥行30×高さ6.2cm

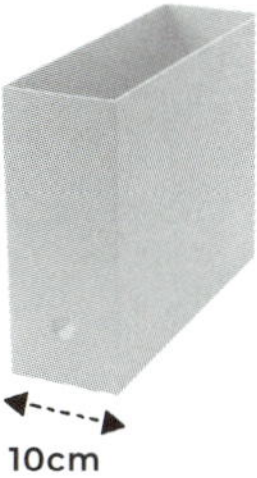


無印良品
再生ポリプロピレン入り
ファイルボックス・
スタンダードタイプ
(ホワイトグレー)
幅10×奥行32×高さ24cm

**11〜15cm**

千円札の長辺の
長さが15cmです

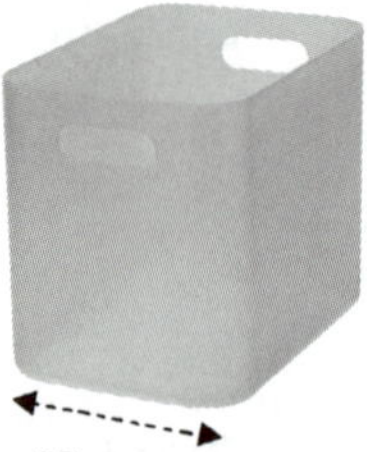

15cm

無印良品
ポリプロピレン
メイクボックス
幅15×奥行22×高さ16.9㎝

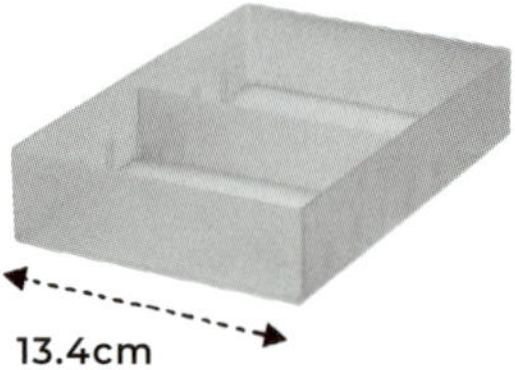

13.4cm

無印良品
ポリプロピレン
デスク内整理トレー4
幅13.4×奥行20×高さ4㎝

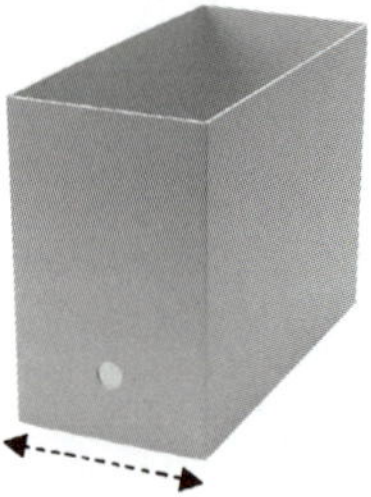

15cm

無印良品
再生ポリプロピレン入り
ファイルボックス・
スタンダードタイプ・ワイド
(ホワイトグレー)
幅15×奥行32×高さ24㎝

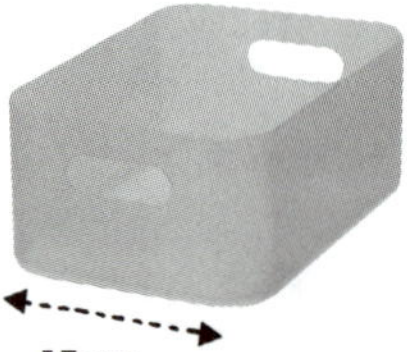

15cm

無印良品
ポリプロピレン
メイクボックス・1/2
幅15×奥行22×高さ8.6㎝

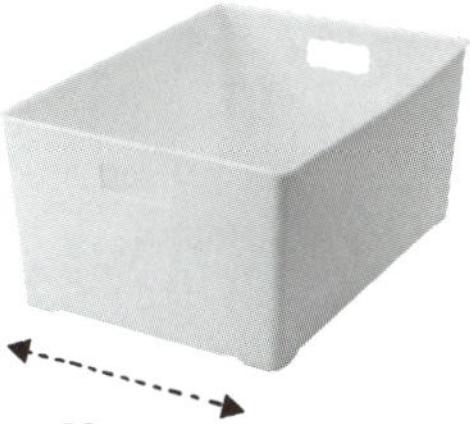

19cm

Seria
ライナーケース L型
ホワイト
幅19×奥行26×
高さ11.5cm

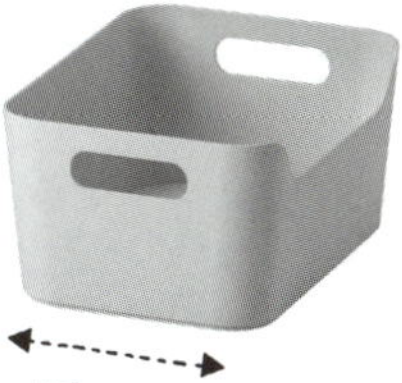

17cm

イケア
UPPDATERA/
ウップダテラ ボックス（小）
幅17×奥行24×
高さ10cm

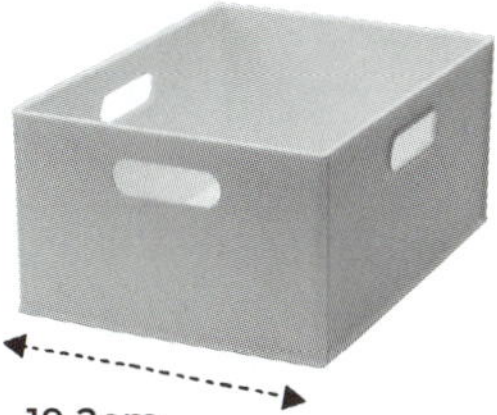

19.2cm

ニトリ
Nインボックス（W）
クォーター（ホワイト）
幅19.2×奥行26.4×
高さ12cm

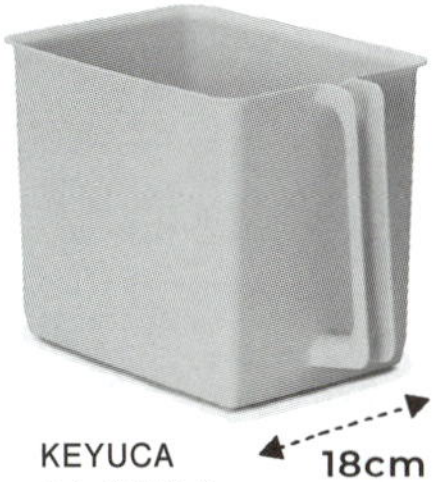

18cm

KEYUCA
ハンドル付き
ストッカー
幅18×奥行29×
高さ20cm

**16〜20cm**

郵便はがきの短辺の
2倍が、20cmです

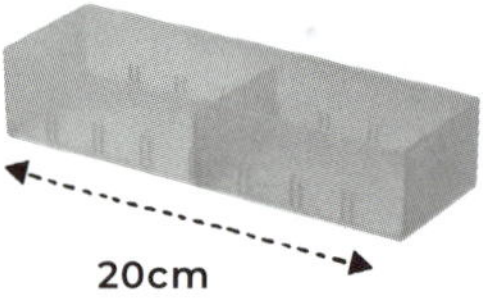


無印良品
ポリプロピレン
デスク内整理トレー3
幅20×奥行6.7×高さ4cm

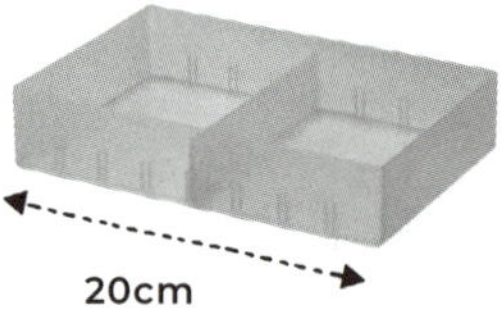


無印良品
ポリプロピレン
デスク内整理トレー4
幅20×奥行13.4×高さ4cm

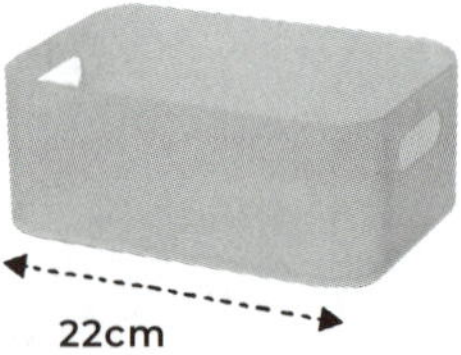


無印良品
ポリプロピレン
メイクボックス・1/2
幅22×奥行15×高さ8.6cm

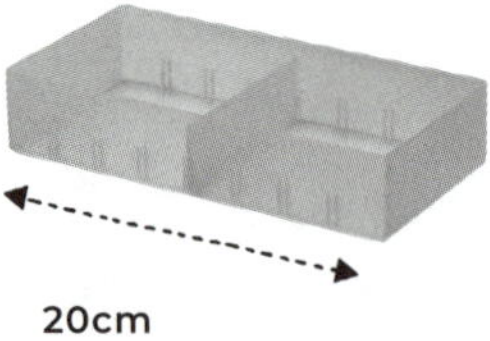


無印良品
ポリプロピレン
デスク内整理トレー2
幅20×奥行10×高さ4cm

**20〜25cm**

ティッシュ箱の横幅が、
ほぼ24cmです

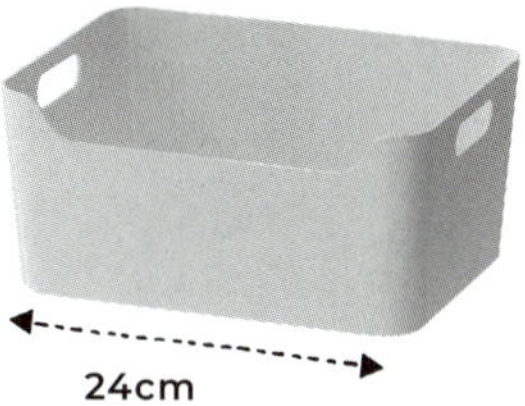


イケア
UPPDATERA/
ウップダテラ ボックス（小）
幅24×奥行17×高さ10cm

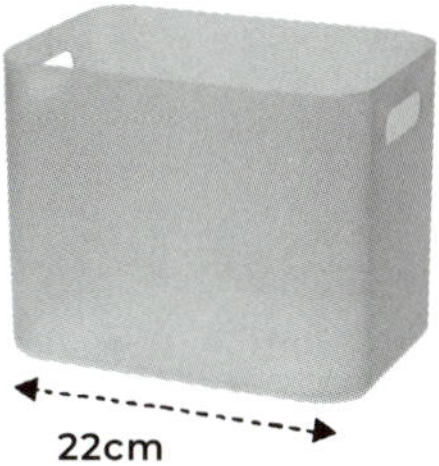


無印良品
ポリプロピレン
メイクボックス
幅22×奥行15×高さ16.9cm

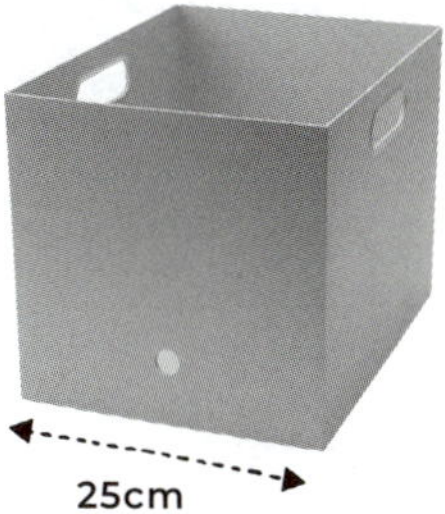


無印良品
ポリプロピレン
ファイルボックススタンダード
・A4用・幅25cmタイプ
（ホワイトグレー）
幅25×奥行32×高さ24cm

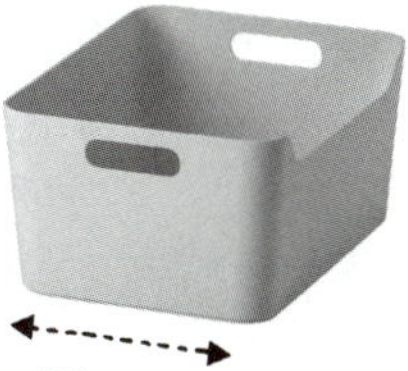


イケア
UPPDATERA/
ウップダテラ ボックス（大）
幅24×奥行33.5×高さ14.5cm

26cm

Seria
ライナーケース L型
ホワイト
幅26×奥行19×
高さ11.5cm

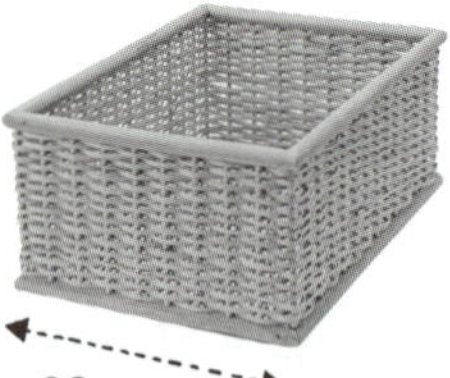

26cm

無印良品
重なるブリ材
長方形バスケット・中
幅26×奥行37×
高さ16cm

26.4cm

ニトリ
Nインボックス（W）
クォーター（ホワイト）
幅26.4×奥行19.2×高さ12cm

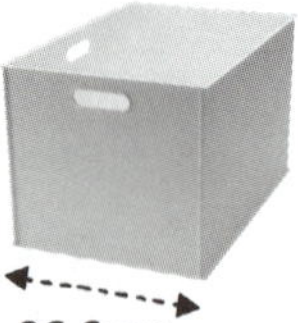

26.6cm

ニトリ
Nインボックス（W）
レギュラー（ホワイト）
幅26.6×奥行38.9×
高さ23.6cm

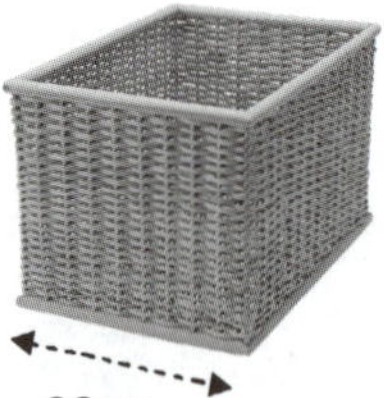

26cm

無印良品
重なるブリ材
長方形バスケット・大
幅26×奥行37×
高さ24cm

## 26～30cm

A4サイズの長辺が、
29.7cmです

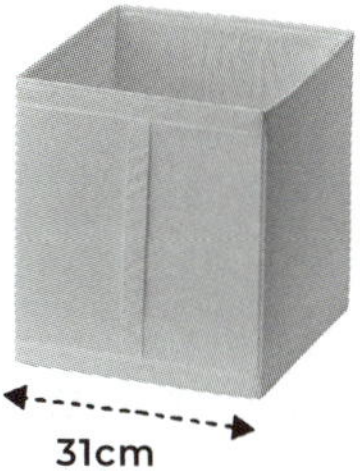


イケア
SKUBB/スクッブ ボックス
(3ピースセット)
幅31×奥行34×高さ33㎝

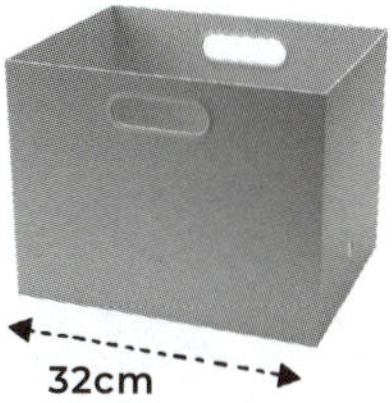


無印良品
ポリプロピレン
ファイルボックス
スタンダード・A4用・
幅25ｃｍタイプ
(ホワイトグレー)
幅32×奥行25×高さ24㎝

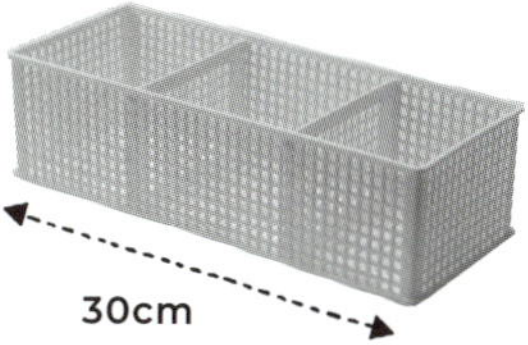


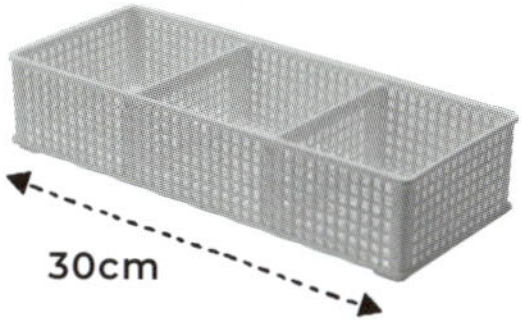


Seria
仕切りボックス深型
ホワイト
幅30×奥行12.2×高さ8.4㎝

Seria
仕切りボックス浅型
ホワイト
幅30×奥行12.2×高さ6.2㎝

**31～35cm**

B4サイズの長辺が、
36.4㎝です

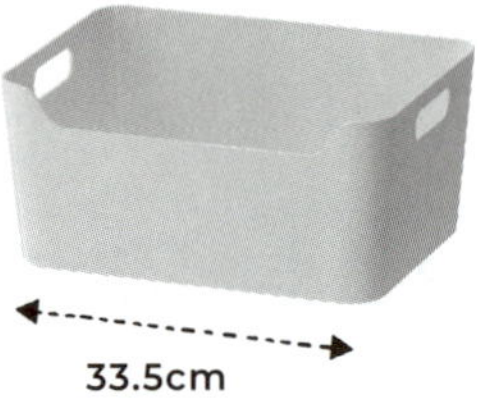


イケア
UPPDATERA/
ウップダテラ ボックス（大）
幅33.5×奥行24×高さ14.5㎝

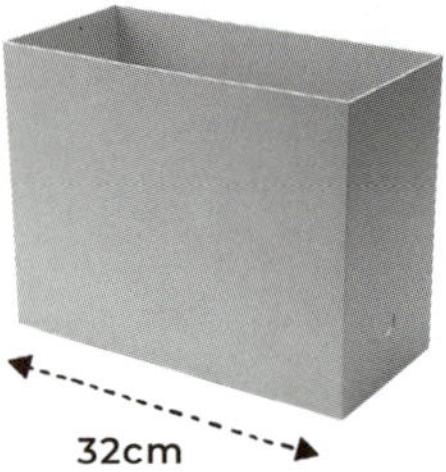


無印良品
再生ポリプロピレン入り
ファイルボックス・
スタンダードタイプ・ワイド
（ホワイトグレー）
幅32×奥行15×高さ24㎝

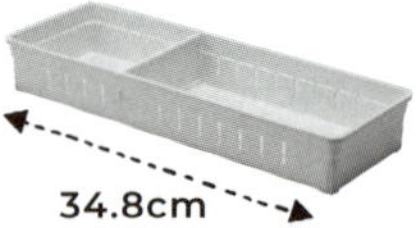


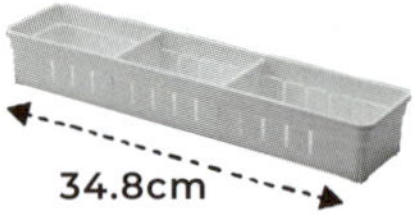


Seria
キッチントレーワイド
ホワイト（★）
幅34.8×奥行12×5㎝

Seria
キッチントレースリム
ホワイト（★）
幅34.8×奥行8×高さ5㎝

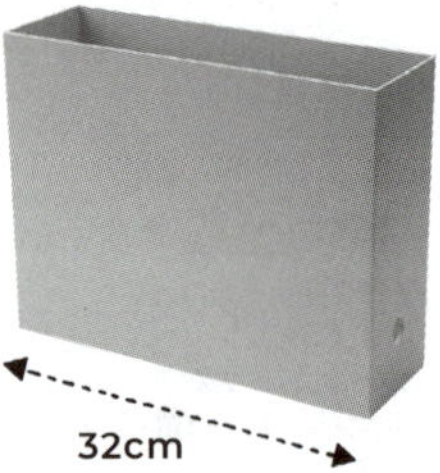


無印良品
再生ポリプロピレン入り
ファイルボックス・
スタンダードタイプ
（ホワイトグレー）
幅32×奥行10×高さ24㎝

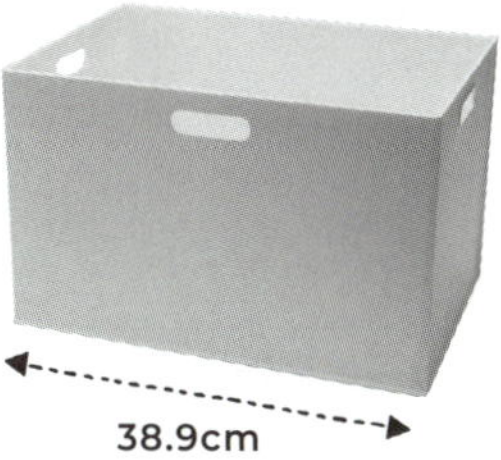


ニトリ
Nインボックス（W）
レギュラー（ホワイト）
幅38.9×奥行26.6×高さ23.6㎝

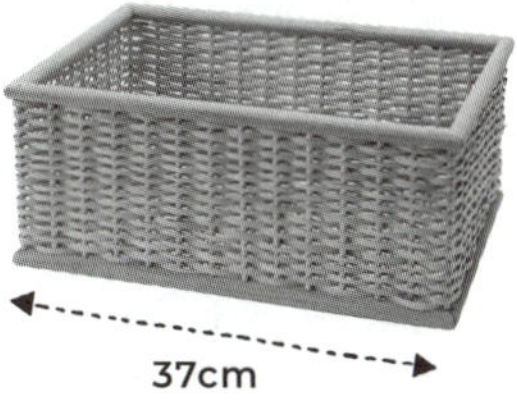


無印良品
重なるブリ材
長方形バスケット・中
幅37×奥行26×高さ16㎝

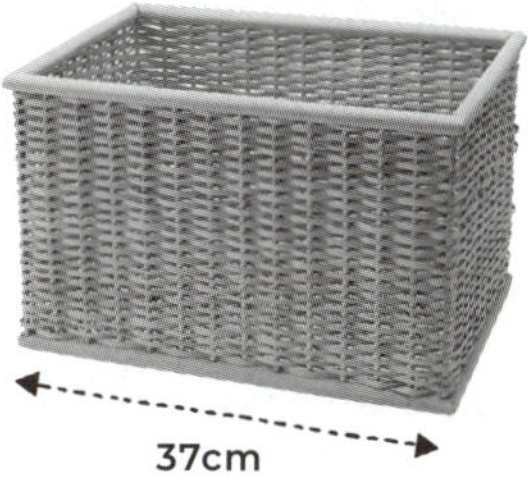


無印良品
重なるブリ材
長方形バスケット・大
幅37×奥行26×高さ24㎝

**36～40cm**
500mlのペットボトル
（21.4㎝）2本分が、
約43㎝です

## イケア

| | |
|---|---|
| UPPDATERA ウップダテラ ボックス(小)　¥399<br>短辺17×長辺24×高さ10cm | イケアの家具を使っている人には、イケアのケースが家具にぴったり合うサイズでつくられているのでおすすめ。 |
| UPPDATERA ウップダテラ ボックス(大)　¥499<br>短辺24×長辺33.5×高さ14.5cm | ほどよい深さで多目的に使える。重ねることはできないが、両サイドに取っ手用の穴があり持ち運びもしやすく、使いやすい。 |
| SKUBB スクッブ ボックス (3ピースセット)　¥1799<br>短辺31×長辺34×高さ33cm | シーズンオフの衣類をクローゼット上段に収納する際に便利。軽いうえに、取っ手つきなので取り出しも簡単。 |

## KEYUCA

| | |
|---|---|
| ハンドル付きストッカー ¥759<br>短辺18×長辺29×高さ20cm | キッチンの小物収納などに向いている。ハンドルつきなので、吊り戸棚など、高い棚で使ってもラクに取り出せる。 |

## Seria

| | |
|---|---|
| 仕切りボックス深型 ホワイト　¥110<br>短辺12.2×長辺30×高さ8.4cm | 2枚ついている仕切りは、位置を変えられる。キッチングッズ、薬、文房具、衣類小物など、守備範囲は広い。 |
| 仕切りボックス浅型 ホワイト　¥110<br>短辺12.2×長辺30×高さ6.2cm | 同じものを重ねたり、深型タイプに重ねたりして使うこともできる。コスメの収納などに使いやすい。 |
| キッチントレーワイド ホワイト　¥110<br>短辺12×長辺34.8×高さ5cm | 仕切りは動かすことが可能。長さのある菜箸やレードルなども収まる。我が家ではハンドブレンダーも収納。 |

| | |
|---|---|
| キッチントレースリム<br>ホワイト　¥110<br>短辺8×長辺34.8×高さ5cm | カトラリー収納にぴったり。キッチン以外でも、ネイルなどのコスメ小物や文房具などの収納にも適している。 |
| ライナーケースL型<br>ホワイト　¥110<br>短辺19×長辺26×高さ11.5cm | 戸棚の中で食品ストックの分別に使ったり、保存容器を収納したりと、用途はたくさん。並べたときもすっきり見えて重宝。 |

## ニトリ

| | |
|---|---|
| Nインボックス(W)<br>レギュラー(ホワイト)　¥699<br>短辺26.6×長辺38.9×高さ23.6cm | かさばる使い捨て容器や食品ストックにも向く。取っ手用の穴があるので持ち運びも便利。別売りでふたも販売。 |
| Nインボックス(W)<br>クォーター(ホワイト)　¥399<br>短辺19.2×長辺26.4×高さ12cm | キッチン、洗面所、子ども部屋などシーンを選ばず活躍。「Nインボックス　レギュラー」に重ねて使うことも可能。 |

## 無印良品

| | |
|---|---|
| ポリプロピレン<br>デスク内整理トレー2　¥250<br>短辺10×長辺20×高さ4cm | 引き出しの中の仕分けにぴったり。仕切りは位置を変えられるうえ、別売りもしているので買い足しも可能。 |
| ポリプロピレン<br>デスク内整理トレー3　¥190<br>短辺6.7×長辺20×高さ4cm | 仕切りつきなので、お弁当ピックや箸置きなど細かいグッズの収納に最適。使い捨てコンタクトレンズは立てて収めると取り出しやすい。 |
| ポリプロピレン<br>デスク内整理トレー4　¥250<br>短辺13.4×長辺20×高さ4cm | 短辺は、「デスク内整理トレー3」の2倍。文房具収納などでは、上下で2段重ねにして使用するのもおすすめ。 |
| ポリプロピレン<br>メイクボックス　¥350<br>短辺15×長辺22×高さ16.9cm | 高さがあるので、500mLボトルに入った調味料やトマトの水煮缶など3号(高さ11cm)の缶詰も収まりやすい。 |

| | |
|---|---|
| ポリプロピレン<br>メイクボックス・1/2　¥290<br>短辺15×長辺22×高さ8.6cm | 半透明で中身が外からも判別できるので、冷蔵庫でも活躍。高さ8cm程度のびん詰を入れるにもちょうどいい。 |
| ポリプロピレンファイルボックス<br>スタンダード・A4用・幅25cmタイプ<br>(ホワイトグレー)　¥1190<br>短辺25×長辺32×高さ24cm | キッチンなら折箱や割りばし、紙コップなどかさばる使い捨て容器を収納しておく際にも使いやすい。 |
| 再生ポリプロピレン入りファイルボックス<br>・スタンダードタイプ<br>(ホワイトグレー)　¥590<br>短辺10×長辺32×高さ24cm | 書類はもちろん、スリッパを立てて収納するのにも最適。掃除グッズ、ドライヤーなども収まりやすい万能選手。 |
| 再生ポリプロピレン入りファイルボックス<br>・スタンダードタイプ・ワイド<br>(ホワイトグレー)　¥790<br>短辺15×長辺32×高さ24cm | 洗剤や調味料など、太めのボトルのストックにも向く。フェイスタオルや来客用スリッパを立てて入れておくにも便利。 |
| 重なるブリ材長方形<br>バスケット・大　¥1990<br>短辺26×長辺37×高さ24cm | 新聞、雑誌、おもちゃなどに向く。我が家では新聞回収袋を入れて、その中に読み終えた新聞、雑誌を収納。 |
| 重なるブリ材長方形<br>バスケット・中　¥1590<br>短辺26×長辺37×高さ16cm | 軽いので、高めの棚に置いても取り出しやすい。どんなインテリアにもなじむデザインが魅力。 |

## SHOP LIST

イケア・ジャパン　カスタマーサポートセンター　050-4560-0494
KEYUCA　マロニエゲート銀座店　03-5159-2191
Seria　www.seria-group.com
ニトリお客様相談室　0120-014-210
無印良品　銀座　03-3538-1311

本書に掲載している商品の情報はすべて2024年10月現在のものです。価格や仕様は変更になる可能性があります。廃番や在庫切れにより現在は入手できないものもあります。ご了承ください。

# おわりに

最後までお読みいただき、ありがとうございます。

片づかなかった原因、挫折してしまう理由、よかれと思ってやっていたことが間違いだった……。

さまざまなことに、気づいていただけたのではないかと思います。

最初にお話ししたように、片づけができないのは「やり方を知らない」からなのです。やり方を知って実践すれば、誰でもできるようになります。

だから、あなたもあとは実践あるのみ！

やれば、必ず片づきます。

でも、最初は途中でつまずいたり、挫折しそうになったりするかもしれません。そのときは、またこの本を開いてみてください。なぜうまくいかないかをおさらいして、原因を解決してください。そうすれば、前に進むことができます。

本書でお伝えしてきたとおり、片づけにはルールとコツがあります。それらを掛け算の九九を暗記するように覚えてしまえば、あとはすらすらと手が動いていきます。九九を暗記すると、さまざまな計算がラクにできますよね。片づけも、基礎の法則を身につけてしまえば応用がラクです。その場その場に合わせて、適応できます。最初は失敗するかもしれませんが、失敗をしても、繰り返し実践していけば、自然と身についていきます。九九を覚えるように、何度も繰り返して、ルールとコツをインプットしていってください！

これまで片づけのことに悩み、疲れてしまっていた皆さんが、その苦しい日々から抜け出せること。抜け出したことによって人生が快適に、ハッピーになることを心から願っています。この本がそのきっかけになれば、うれしい限りです。

最後になりますが、本書の出版にあたりご尽力くださったイラストレーターの須山奈津希さん、フォトグラファーの田辺エリさん、編集・ライターの柿沼曜子さん、Gakkenの酒井靖宏さん、文庫化にあたりお世話になりました三笠書房の皆様、そのほか制作に関わっていただいた方々に感謝を申し上げます。

そして、いつも支えてくれるTeamSayo のスタッフ、応援してくださるレッスン生の皆様、倶楽部や受講生の皆様、ブログを読んでくださっている皆様、友達、家族、私に関わってくださるすべての方に感謝を込めて。

小西紗代

本書は、Ｇａｋｋｅｎより刊行された『片づけのことを考えただけで疲れてしまうあなたへ。』を、文庫収録にあたり改題したものです。

知的生きかた文庫

# 持《も》つのは
# 「今《いま》、必要《ひつよう》なもの」だけ。

著　者　小西紗代（こにし・さよ）
発行者　押鐘太陽
発行所　株式会社三笠書房
〒102-0072　東京都千代田区飯田橋3-3-1
https://www.mikasashobo.co.jp
印　刷　誠宏印刷
製　本　若林製本工場

ISBN978-4-8379-8898-4 C0130


本書へのご意見やご感想、お問い合わせは、QR コード、
または下記 URL より弊社公式ウェブサイトまでお寄せください。
https://www.mikasashobo.co.jp/c/inquiry/index.html

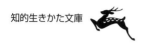

知的生きかた文庫

## 体がよみがえる「長寿食」
藤田紘一郎

〝腸健康法〟の第一人者、書き下ろし！ 年代によって体質は変わります。自分に合った食べ方をしながら「長寿遺伝子」を目覚めさせる食品を賢く摂る方法。

## 疲れない体をつくる免疫力
安保 徹

免疫学の世界的権威・安保徹先生が、「疲れない体」をつくる生活習慣をわかりやすく解説。ちょっとした工夫で、免疫力が高まり、「病気にならない体」が手に入る！

## 40歳からは食べ方を変えなさい！
済陽高穂

ガン治療の名医が、長年の食療法研究をもとに「40歳から若くなる食習慣」を紹介。りんご＋蜂蜜、焼き魚＋レモン……「やせる食べ方」「若返る食べ方」満載！

## 疲れない脳をつくる生活習慣
石川善樹

グーグルも注目！ 疲れない／だらけない／怒らない毎日を過ごすための次世代メンタルトレーニング「マインドフルネス」。驚くほど仕事や日常のパフォーマンスが改善する!!

## いつもの食材が漢方になる食べ方
櫻井大典

薬に頼らず、毎日の食事で心と体をととのえる！ 不眠にレタス、花粉症にごぼう、足がつるなら卵料理……SNSで大反響の人気漢方家による、ゆる養生のススメ！

C50482

知的生きかた文庫

## 仕事も人生もうまくいく整える力

枡野俊明

まずは「朝の時間」を整えて、体調をよくすることからはじめよう。シンプルだけど効果的――心、体、生活をすっきり、すこやかにする、98の禅的養生訓。

## 「美しく生きる人」一日24時間の時間割

浅野裕子

朝はいい気分で起きる、背筋をピンと伸ばして歩く、頑張らない自分も大切にする。毎日をシンプルに、美しく生きることを心がければ、人も、ものも、運さえも引き寄せられる！

## そっと無理して、生きてみる

髙橋幸枝

悩んでいるヒマがあったら行動する。何度でも、何度でも、ゼロから始めてみましょうよ。100歳になっても医師を続けた精神科医が語る「ちょうどいい」頑張り方。

## アンチエイジングは習慣が9割

米井嘉一

健康で若々しい人とどんどん老けていく人は何が違う？ 筋肉・血管・脳・ホルモン・骨を若返らせ、老化の最大の敵「糖化」を防ぐ、医学的に正しい「アンチエイジング」の方法。

## 60代からの暮らしはコンパクトがいい

本多京子

いつもの一日が「最高の一日」に！ 60代になって、〈食〉を中心に暮らしをコンパクトにしたら、物事をシンプルにとらえられ、どんどん身軽に快適になりました！（著者）

C50484